RIO VERMELHO

Zeferina

RIO VERMELHO

RIO DE JANEIRO

2022

Todos os direitos desta edição reservados à Malê Editora e
Produtora Cultural Ltda.
Direção: Francisco Jorge & Vagner Amaro

Rio Vermelho
ISBN: 978-65-87746-72-2
Edição: Francisco Jorge
Assistente de Edição: Marlon Souza
Ilustração: Renata Felinto
Capa: Carol Zeferino
Diagramação: Carol Zeferino

Texto revisado segundo o novo Acordo Ortográfico da Língua Portuguesa.
Proibida a reprodução, no todo, ou em parte, através de quaisquer meios.

Proibida a reprodução, no todo, ou em parte, através de
quaisquer meios.

DADOS INTERNACIONAIS DE CATALOGAÇÃO NA PUBLICAÇÃO (CIP)
(Câmara Brasileira do Livro, SP, Brasil)
Aline Graziele Benitez - Bibliotecária - CRB-1/3129

Zeferina
        Rio Vermelho / Zeferina ; ilustração Renata Felinto. --
Rio de Janeiro : Malê Edições, 2022.
        p. 224; 18cm.
        ISBN 978-65-87746-72-2

        1. Poesia brasileira I. Felinto, Renata. II. Título.
22-99939   CDD – B869.1

Índices para catálogo sistemático: 1. Poesia : Literatura brasileira B869.1

Rua Acre, 83, sala 202, Centro. Rio de Janeiro
www.editoramale.com.br
contato@editoramale.com.br

"Oxum me ensina a mergulhar dentro para ser vida fora."

"Nas escritas intensas é o silêncio que canta dentro de mim."

Remerceio o sagrado que conduz,
protege e alumia-me.
Às minhas mainhas de espírito,
santo e consideração.
Aos meus painhos de espírito, carne e santo.
Às navegantes do Rio Vermelho feminino que
antecedem meu percurso:

Maria dos Santos

Messias Santana

Nedir Ambrósio Fernandes Zeferino (Vó Nedir)

Sarah Toledo Assumpção

AdolphinaAssumpção Ferreira (Finoquinha)

Maria Edite Ferreira da Silva (Tia Di)

JacyApparecida Ferreira da Rocha (Vó Pico)

Nanci Apparecida Ferreira da Rocha Zeferino (Mãe)

À minha cria que é continuação e mãe do mundo.

Aos amigos e inimigos.

Aos amores e desamores.

"Minha palavra é reza, cura e gozo"

Sumário

- 11. Prefácio: cristiane sobral
- 17. Prólogo
- 21. O nascimento de zeferina
- 27. Zeferina menina
- 37. Zeferina moça
- 47. "rapidinhas"
- 49. Zeferina mulher
- 113. "rapidinhas"
- 123. Zeferina casada
- 137. "rapidinhas"
- 143. Zeferina arretada
- 163. "rapidinhas"
- 169. Zeferina livregbt
- 215. "rapidinhas"
- 221. Epílogo: Jovem Velha

Prefácio

Quando publiquei o meu primeiro poema em 2000, antologia de autores negros com 43 livros publicados em prosa e poesia, depois de 10 anos peregrinando e desbravando oportunidadesno mercado editorial, eu sabia que escrever era um ato político e transformador, sabia que a literatura era um espaço de poder. Estava cansada das mesmas histórias, das mesmas narrativas sob o mesmo ponto de vista, eu era uma leitora ávida saindo da Unidade, onde devorei todos os livros que pude e encontrei.

Nosso povo negro e brasileiro estava nessas obras, de maneira estereotipada, desumanizada, quando estava, mas o hábito da branquitude dominante de escrever sobre si mesma, não considerava as nossas humanidades, as nossas presenças e complexidade, quanto mais a ausência. Negros na história do país têm sido na maioria das vezes os serviçais, os subalternos,ou quando bem-sucedidos, seduzidos pelas tentações enganosas do embranquecimento. O espelho negro foi construído como o simulacro do branco.

Estamos em 2021, em tempos de pandemia pelo Covid-19, tempos de mortes aceleradas, corpos que caem em nossos braços sem que ao menos possamos cumprir os ritos fúnebres devidamente. Como poderíamos estar de pé? Sempre estivemos, em todos os tempos pálidos e tristes da humanidade, morremos no escravismo, nas guerras, no genocídio negro, sempre em busca de liberdade. Seremos nós uma vez mais, os reconstrutores desse planeta, já que estivemos na base de sustentação da sociedade.

Quando escrevi o meu primeiro livro, não pensei que um dia estaria prefaciando outros livros, mas tinha certeza de que não ingressava uma carreira nesse ofício de forma inocente e inconsequente.

Com emoção e alegria, contentamento indizível pelo convite que me permite estar mais perto de outras vozes negras Mulheristas, prefacio mais um livro, obra única nascida do colo de uma mulher negra alicerçada nos seus entre lugares nesse espaço tão revisto e reconfigurado por autores como Milton Santos.

Nossos passos literários femininos na literatura brasileira vêm de longe. Muitas nos antecederam, nossas raízes literárias negras estão fincadas na nascente dos escritos desse país. Desde Maria Firmina dos Reis, Auta de Souza, Ruth Guimarães, Carolina Maria de Jesus, Conceição Evaristo, Geni Guimarães, Lia Vieira, Mirian Alves, Esmeralda Ribeiro, Eliana AlvesCruz, Lívia Natália, Elaine Marcelina, Elizandra Souza, Mel Duarte, Mel Lisboa, Taís Espírito Santo, só para citar alguns dos assentamentos da nossa árvore das letras ancestral negra e brasileira.

Rio Vermelho é o primeiro autoral da lavra poética de Zeferina, escritora que nasceu, cresceu em São Paulo e tem a Bahia como território escolhido. As subjetividades das periferias percorrem as páginas cuidadosamente escolhidas por esse corpo construído identitariamente e espelho de visibilidade para a literatura negra, feminina, e LGBTQIA+. Anuncio o nascimento desse livro, imagem refletida que poderá representar e gerar escritos e publicações de tantas outras autoras nacionais invisíveis ao mercado editorial, porém não inexistentes.

São poemas com temas diversos que contribuem sobremaneira para apresentar narrativas e subjetividades do jeito de ser e viver do povo negro brasileiro. As sílabas emergem do Rio Vermelho, do barro e do sangue gerador de nascimentos, portador de curas, selador de afetos e firmador de fé.

O feminino desdobra-se em páginas com águas de sangue, sobra e luz, fazedoras de feitiços matriarcais com palavras reza, cura e gozo. Vejamos a poesia Palavra é gira:

Palavra é gira

Palavra é feito vento que vem leve na neblina
Com água do céu caindo bem fina
Molhando as contidas na ponta do falo que língua
Ar que condiciona as idas e vindas
Hora é leve e hora eleva-dor
Partindo ao meio com força macias nuvens brancas no azulejo do mundo
Para voar tem que ter asas
Avoa a voz que benzeu ontem

o filho que pari hoje
Amanhã a criança nasce no ventre da terra quente
Se acolhe no fluir das águas que nutrem
Crescendo com asas no vento é gira.

Nessa poesia o movimento é variado, as palavras chegam pelo vento, caem como água, há também sazonalidades no vaivém proposto pelas imagens e seu apelo sensorial e estético. A poeta propõe voos com asas construídas, voos temporais entre o ontem e o hoje na nossa gira ancestral. Aí está o ritmo, o cuidado com as palavras, a oralidade, a concisão e a identidade, bases da poesia.

O livro segue construindo páginas de silêncio e gritos, exaltando a raiz matriarcal, brincando com ritmos e com expressões populares vocativas. O eu lírico traz várias vozes Zeferinas: menina, moça, mulher, casada, arretada, livre. Traz também poesias cujo pano de fundo está nos afetos e relacionamentos, postos ainda como políticas do amar.

O livro é uma ode à poesia, posto que a letra poética, essência, é sentimento, desejo e desafio.

Convido os leitores e leitoras ao mergulho e ao

encontro indispensável nesses tempos de pós isolamento. Poesia! Seja e anuncie os espaços e o tempo de recolhimento e de subjetividades renascidas. A poesia é. Chama.

Cristiane Sobral é carioca e vive em Brasília. Multiartista, é escritora, poeta, atriz e professora de teatro. Bacharel em Interpretação e Mestre em Artes (UnB). Licenciada em Teatro (UCB). Professora de Teatro da SEDF. Tem 10 livros publicados, o mais recente: **"Amar antes que amanheça"**. Em 2020 foi jurada do prêmio Jabuti categoria contos.

Prólogo

Para tornar-me Zeferina na junção dos polos ocultos femininos e masculinos do meu próprio ser, a travessia infinita aprofundou-se nas águas aqui derramadas no Rio Vermelho. Onde habitam várias faces de mim em vozes distintas e unicelulares.

É preciso coragem para renascer no Rio Vermelho, destas mulheres. É preciso singularidade para encontrar a cura da alma de todas elas. Feito rio que encontra o mar, carregando histórias de vidas passadas no ontem, que já não é o presente no instante, ao que sublinha o possível despertar no amanhã, que não será o mesmo que o agora.

Navegar em si na morte vida e vida e morte, na intensidade das emoções vibrantes, do desejo das descobertas dessaboreadas.No elixir das palavras como medicamento e no apetite pelo autoconhecimento nas travessias passageiras.

Dar à luz a este Rio Vermelho na intimidade exposta a graça. É ressignificar os constantes valores do percurso para ascensão do novo ciclo que está por vir.

Zeferina

O NASCIMENTO DE ZEFERINA

Dia sete do seis

Nascia em dia nublado onde o sol e a lua se escondem
Fazendo as lágrimas de Maria escorrerem do céu
Alegria em mim habita,
Nos raios de sol que transpassam as nuvens
No eclipse explícito de outono inverno
São João Batista reina entre as bandeirinhas e cantigas juninas
Foi notícia boa anunciada pela pipa no céu, que brincava feito criança
A família crescia,
O amor continuava,
Era só o primogênito de mais um Zeferino
Que desta vez se firmava em Rocha
O painho chorava de emoção e mainha dançava acalentando o ventre
As vozes ecoavam,
A festa tava feita,
Tinha muita água pra rolar
Era época de quadrilha,
Música típica,
Comida da roça,

Cochicho no ouvido da moça,
Brincadeira de pião e fogueira no coração
Em sete nasceu a menina
Zeferina
A união é sua sina
Corria sertão e Bahia de dentro
Pra resgatar o conhecimento
Ainda não se sabia se essa tal menina
Chegaria ao engenho
Mas era filha da guerrilha
A tal Zeferina
Valente, não desistia
Percorria a mata e fazia trilha
Foi aí que o céu festejava
E a terra aplaudia
O dia em que dele descia
A filha de seu Zé e dona Padilha
Provada pela fé
Nas marcas do axé
Era protegida.
Quem caminha ao seu lado,
Não dorme nem noite e nem dia
E no peito marcado
O amor que não cabia!

ZEFERINA
MENINA

Lágrima de menina

Numa folha de palmeira ouço pássaros a cantar
Entre espinhos e belas rosas
Uma lágrima a rolar
No olhar de menina
Vejo sofrimento e dor
O arco íris que refletia
Não emite mais cor
O sol transparecia a esperança de criança
O céu já escurecia na lembrança
Entre becos e esquinas a lágrima de menina

Mãe Preta

Poetizar a melodia dos compassos ao som do seu coração
Ser mulher e ser preta!
Ser mãe e ser mão!
Olhares e sabedorias em afeto
Amar é (r)evolução

Provedor da menina Zeferina

Pai de todos os santos
Filho das Minas Gerais
Corpo ungido na reza
Herdeiro dos animais
A mata, o machado sagrado
Caboclo encantado
Na palha cura calado
Cantante semblante fechado
Amante carregado
Pai de todas as flores
Coração enamorado
Sacrifício de sabores
Trabalho elaborado
Casado apaixonado
Braço aberto, peito falado
Sangue destilado
Fumaça de conselho dado
Amor solicitado
Destino preciso traçado
Herói sem capa é cobrado
Negro olhar certeiro

Feitiço matuteiro
Patriar-caro obreiro
Construção bendita
Rua das beneditas
Sul em zona
Testosterona
Palavras soltas fitas
De Zés a Marias Bonitas
Sertanejo da cidade
Angústia, liberdade
Zeferino na tina
Provedor da menina Zeferina

Irmãos tríade

Seios frutos do mesmo útero
Corpo, espírito e santo
Arte herdada no pranto
Espertos quanto puderem
Do primeiro, meio e contínuo
Esperança do tempo menino
Arte do destino
De três linhas armadas
Cruzadas nas encruzilhadas
Vozes na Dríade
Formato da Tríade

Avós

A voz das mães no solo matriz
Fêmeas de pulso sangue raiz
Antes vir para deixar fluir
Avós nascentes são
Da pedra saber coração
Mergulho na inovação
Resgate filiação
Canção dos tambores
Vibrando amores
Linhagem, valores
Quilombos em mar
Mulheres guerreiras a lutar
Reza auricular
Sou mucua de Baobá

ZEFERINA MOÇA

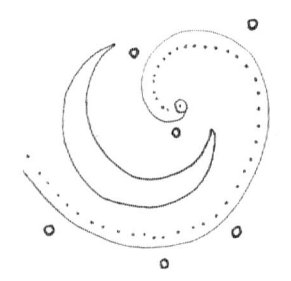

Barco dos Sonhos

No barco dos meus sonhos
Já tive vários navegantes,
Em uma noite de solidão neste barco desgovernado, aparece ao meu lado um marujo aventureiro,
Que em busca de aventuras
Amparou minha solidão
Refletindo-me uma viagem segura
Deixei-me levar sonhando com viagens futuras
Naquela noite entreguei-me por inteiro ao marujo aventureiro,
Seus olhos eram de desejo
Seus lábios imploravam por um beijo
Nossos corpos ferviam aquecendo esta paixão ardente
Por um minuto me senti gente,
Amada e desejada,
O marujo entregava-me rosas
E por fim deixava-me espinhos
Ao amanhecer, já não mais me enchia de

carinhos
Agia de maneira diferente, como se não passasse de uma noite apenas,
Negava-me os beijos, já não mais sentia sua presença,
O olhar se distanciava a cada minuto
Incomodei-me e lhe sussurrei nos ouvidos...
O que foi?
Com o olhar frio e um abraço ardente despediu-se num simples Adeus.
O último beijo.
Uma lágrima a rolar...
Disse-me que este amor iria passar,
Perguntei-lhe o nome
Respondeu-me com doçura e timidez
E lá se foi meu marujo aventureiro
Deixando saudades daquela noite estrelada
Onde brilhavam nossos corpos quentes
Transformando a noite em dia.

Meu Nego Nagô

Em tu me encontro
Me laço
Feito laço de fita de negra sô
Meu nego nagô!
Nunca amei um hominego, mas me assemelhei a um
Tive amô branco debaixo do zum,zum,zum
Tu já deitô com sinhá e negra comum
Meu nego nagô!
Feito uma criança que brinca, fazendo pirraça!
Com a conversa chata!
Brinca de pipa!
Que eu brinco de lata!
Meu nego nagô!
O que me aspira!
Que me inspira!
Que com o olhar me despe e me toma tua
Na calada da negra noite emaranhados
Traço a traço a luz da lua nua
Meu nego nagô!
Que me leva ao inteiro ego

Que me ensina o que quase esqueci,
Aquilo que apenas adormeci,
Meu nego nagô!
Meu mundo se faz em ti!
Meu nego nagô!
Que me abraça, nos lábios de carne suja
Que me serve feito prato principal com uva!
Que me sente quando te abafo
E nos lençóis eu me faço e desfaço
Por ti viajo, vou ao céu
Mas desejo o inferno
Por ti me rasgo em desejos internos
E na sensualidade aflorada
Me pego descalça, semchinelo, sem fita no cabelo, semcalça
Apenas pelo no pelo!
Ah... Meu nego nagô!
Em ti me perco e me acho,
Me confundo e erro no passo!
Ah...Meu nego nagô!
Um dia te pedi em namoro.
Meu nego nagô!

E tu com agouro me disse não!
Me lembro! Negra, acorda!
Agora é hora de trabaiá e de amá!
Então eu disse a ocê meu nego nagô!
Que é hora de prantá, pracoiê!
Agora vem! Que a negra vai teaquecê
e mostra pra ocê
Que posso amar-te livre!
Vem me ama mais um pouco!
Vem me faze muié!
Que amanhã te conto...
Que outro dia é!

Deixa-me Amar-te

Deixa-me amar-te em meus silêncios
Ainda que meus labirintos te confundam
E que teus fios generosos de compreensão
Emaranhem-se no tapete dos meus enigmas
Deixa-me amar-te sem qualquer explicação
Na ternura das tuas mãos que me sorriem
Escrevendo desejos em versos despidos
No meu corpo que te cobre e descobre
Deixa-me amar-te em meus segredos
Para que desvendes o que também desconheço
A alma dos meus abismos, onde anoiteço
E meus olhos adormecem embalados pelo mistério.

Cálice da Saudade

Ouvi o arpejo dos sonhos
Desfazer-se na curva dos teus olhos
Bramiu em meus lábios, teu abandono
Beijos em taças que se quebraram
Esparramando desejos e frêmitos de amor
Escorreu em minha boca o gosto da tua
Gota de veneno, já provando da tua ausência
Desandaram meus sorrisos fartos
Buscando exílio nos braços da solidão
Desataram-se laços, sangrando afagos,
Debruçaram-se no poente, meus abraços febris
Agonizantes em saudades, sobre a vigília das estrelas
Que guiaram teus passos em minueto
Levando-te para o deserto dos teus silêncios
A brisa, aindacúmplice, uniu nossos corpos
Sussurrando acordes de um último suspiro
agonizante de prazer
Numa cadência já perdida
Nos grilhões do teu adeus, acorrento-me
Bebendo, ainda, do cálice dos teus sabores
Que arfam em êxtase, guardados em mim

Distraio minhas mãos
Falando de uma saudade escrita por ti em meu peito
Horas derramam-se, sempreiguais
Lábios exilados, beijosinacabados
Fitos a suspirarem por tua boca
Ondas de quenturas navegam em meu corpo
Que transborda em teus braços
O vento cúmplice leva-me
Buscando tua pele que sussurra em ecos, na folha de papel
Um remendo para tua ausência
A cerzir meus olhos de esperanças
Mas, apesar de tudo que sofri, transcrevo aqui
Meus sinceros sentimentos
Que ainda gritam... Eu te amo!

"Rapidinha"

Eu queria poder chorar
Mas meu coração não deixa
Eu queria que ficássemos juntos
Mas o destino não quer
Sei que te amo e acredito em minha fé
Eu queria poder te dizer tudo
Mas o nada me conforta.

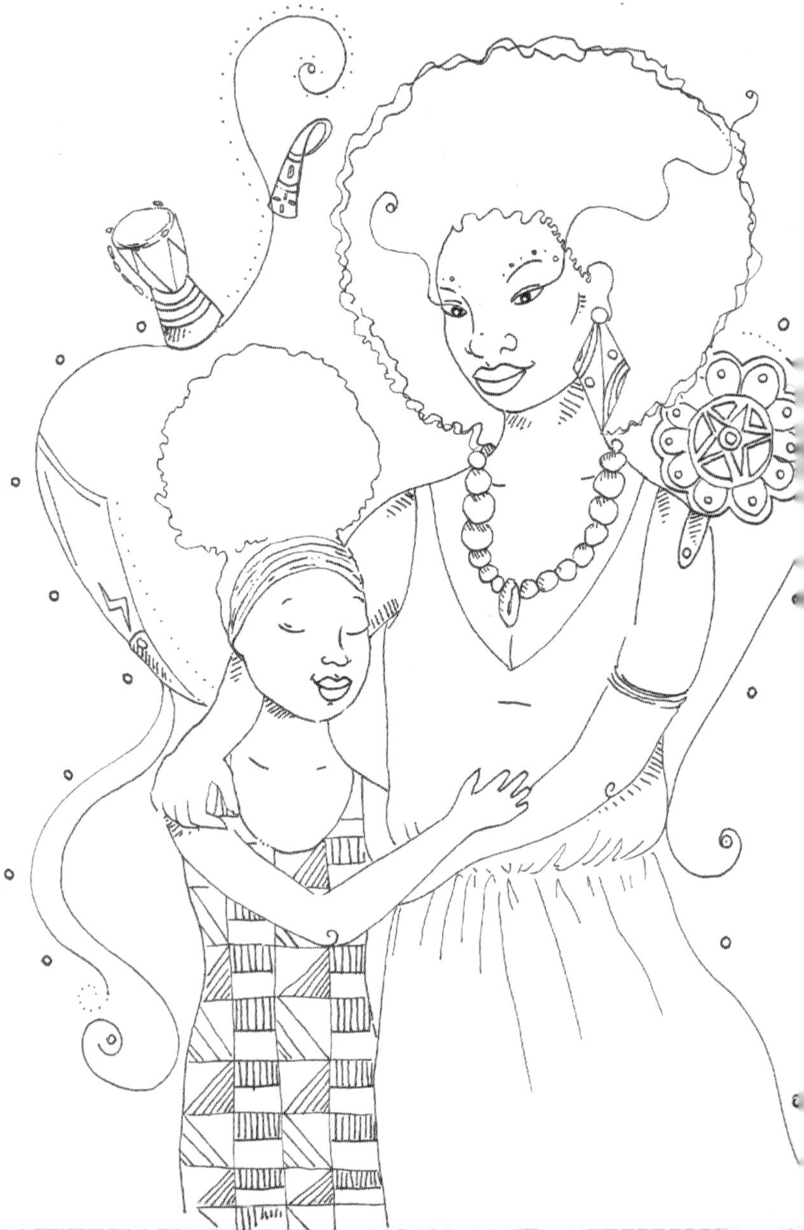

ZEFERINA MULHER

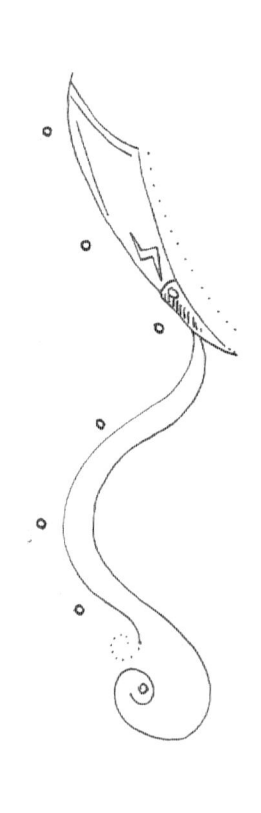

Dia das Mãos

Dia das mãos que se achegam em uma grande divisão de almas
Onde um, passa a ser dois
E dois continua sendo um
Celebro todo dia e todo dia tenho o prazer de te ver sorrir, pequena
Conduz minha vida
Através de seus passos é que poderei dar os meus
As mãos atreladas no feto em afeto
Gestação em braile no susto desplanejado
Entrega no momento desejo
Despejo na descoberta
Amor desafeto em forma de pai
Transcende na descendente interna que abriga
Transformada, cabe no colo do seio
O olhar rasgado abrindo meu mundo útero no etéreo
Amiga das dificuldades ocultas na falha
Menina que me faz mulher
Dadas as mãos no selo dos lábios púbicos
Acordo sanguíneo no cordão da luta
Sustento amor no solo da labuta

Cabelo

Cabelo pente, penteia a fio
Piu na pia
Entupiu
Demagogia alisadora
Analisa lisa ana
Enrolada na bucha da tia
Bril-bom sempre
Pente, penteia o cabelo ao dente
Preta cacheia a lisa cria da crina
Crisma coroa cultura latrina
Catalisadora cristã-lina
Alisa hidrata ondula encrespa
Firma a base raiz do bom fio empresta
Preta dos dentes dedos
Separa os curtos enredos
Cabelos em nata crespa cresce
Medo da gente no pente, penteia
Pré-conceito carapuça serviu
Meu cabelo é coroa viril
Atoa alisa a dor afrontosa
Trança de preta na prosa
Rainhas nagôs estilosas

Águas negras do Rio Vermelho

Da lama fértil negra
Escuridão da luz no mar
O mundo entre os mundos
Na busca da sabedoria
Vermelho a fúria do sacrifício
A excitação dos desejos
O novo imerge imaculado nas espumas brancas das ondas
No movimento selvagem interno das fases mulher
Águas negras surgem abundantes no Rio Vermelho
No encontro das baias líquidas a mortalidade dos ciclos afunda
Amarelo no presente desmonte
Lubrifica o fluir das densidades adentro
Negras águas em movimento

Saudade

Ouvir a sua voz
Não ameniza a saudade que eu sinto
A saudade que eu sinto me deixa de cabelos em pé
Arrepio em todos os eixos e caminhos conhecidos e desconhecidos do corpo
A saudade que eu sinto me deixa de seios e bicos ouriçados
Traz uma dor no peito que chega a apertar a alma
A saudade que eu sinto me deixa com a mente perturbada
A rodar e rodar em meu mundo
A saudade que eu sinto me deixa úmida entre as pernas e com a libido acesa
É feito brasa em chama, que queima!
Queima e me consome!

Madrugada

Eu perco o sono pra escrever pro meu dengo
Gosto do mar, mas vivo sem ele
Me perco no sabor das flores de jasmim
Nos carinhos e cuidados
Mimos e deleites
A mente aperta
Metade de mim flui
Metade queima
Uma vai e a outra segura
E no meio desse fogo cruzado tem tu pra ser calmaria das duas
Preto da cor de canela
Pele macia
Boca d'água
Rebolado que treme
Toque que queima
Sabor de Brasil
Café com mel
Na ribanceira cai no laço do seu cordão
Difícil ta sair desse laço
Mas avexe não
Hoje é outro dia

Eita!

Obra de arte maldita de bonita
Me faz pulsar de vontade de tu
Ave Maria!
Se eu pudesse, entrava no juazeiro com tu
eperdia o caminho da volta
Só pra tu não ter desculpa,
Lhe dava e recebia ali no chão de terra mesmo,
Já que a terra há de comer
Que você chegue antes dela,
Bora gastar!
E no delírio do gemido um uivo de prazer
tomava conta no Juazeiro até Petrolina ouviu.
Eita!

No mar
em chamas

No despontar da noite
No raiar do dia
A cabeça esvazia
O peito aquece
As palavras se perdem
O sentimento mente, mas existe
Presente de aniversário antes do tempo
A pele no pelo nu incandesce a chama do candeeiro
Ela se foi no mar
Passarinho na janela
Silêncio no quarto
Um instante.
Os corpos se selariam na distância do segundo
No cumprimento da hora
Duas chamas que queimam

Carta ao meu caro poeta

Meu caro poeta,
Vou tentar dormir esta noite, sem sonhar com lembranças dolorosas
Tentar repousar meu corpo cansado, minha mente perturbada e meu coração que sangra,
Quando o dia não é mais dia e a noite se transforma em tortura, porque meu amado não vem.
Restam apenas a dor, a fria noite e os meus pés gelados à espera.
Deixo-te, meu caro amigo poeta,
Deixo-te!
Pra quem sabe um dia esta carta, meu amigo, tenha outro tema que não seja a saudade do

meu amor.
Te digo mais,
Me deste um remédio amargo, pois sentes a mesma dor.
Me tiraste a esperança, meu amigo, pois também nasceu poeta.
E poeta que é poeta carrega consigo a sina de dar e não ter, sentir e não poder, amar sem saber e se entregar sem oferecer nada além de sua alma!
Quem sabe nesta noite em meus sonhos eu encontre a cura e na próxima carta te revele o que tanto procuras.

Gozo

Me tira da face o sorriso frouxo de manhãzinha
Encaixe da minha anca na sua conchinha
Apego no afago
Bocas e lábios
Corpos em chamas
Água que corre...
Desejo que toma
Ausência na fala
Calcinha pro lado
Encaixe gostoso
Loucura na mesa
A fome que mata
Profana ceia
De lamber os beiços
De comer com a mão
De sentir o tempero descer devagarzinho goela abaixo
Molhada me toma toda na boca
Me toca e penetra
Me rasga e completa
Dengo meu
Dengo nosso
Gozo!

Des-confia

Enquanto você dormia
Eu te olhava
No silêncio transpassava seu corpo com a íris
Era contemplação da noite sentir sua respiração
desacelerar de forma tranquila
Nossas almas dançavam na cadência rítmica
durante o sono
O meu corpo pulsando em demasia pela
manhã, resposta
Transcendeu a fusão em estado de libido
A espreita esperando o toque da sua mão em
minha pele
A carne exposta pedia carícias
No encaixe das peças a sensação na insensatez
Entrega na confiança
A indiferença lacuna na distância
Muros no mesmo espaço lugar
A vulva salivando sêmen
Plantio de extensão do desejo
O corpo dentro acolhia o peito fora
O medo estagnou o gozo, era vergonha
Mas a completude extensa
Palavras diplomáticas entre rio de pensamentos

Razão demais
Paixão demais
Ing e Ang
Lúdica amabilidade
Silenciada
Silenciamento
Passado presente
Presente dado
É futuro incerto

Livro preto

Carrego nas mãos o desejo e a fome de
conhecer-te na literatura
Os olhos transpassam o teu livro preto e o
tesão transborda da alma líquida
Quero te folhear com a língua
e sentir o sabor das suas páginas derreterem
na minha saliva
Escorrendo nos meus lábios
Entre palavras penetrando fundo o céu da
minha boca enquanto as mãos que tateiam a
capa preta da sua pele
Vão descobrindo entre dedos úmidos
A profundidade da sabedoria de suas linhas
de expressão
E no êxtase do gozo das cordas frouxas
costuradas nas páginas já soltas
Eu me lambuzo gota a gota
Lentamente...

Bom dia

Hoje fiz um pacto comigo mesma
Me falei bom dia
Refiz as pazes e briguei de novo
Afinal são tantas dentro de mim
Lembrei de todas elas
Está sendo um exercício diário me revisitar
Abrir as gavetas
Tirar as coisas do lugar e arrumar de novo
Hoje fiz um pacto comigo mesma
Me vimenina,moça,mulher e mãe
Refiz as pazes e briguei de novo
Lembrei de como elas são bonitas
Ofereci flores e amores a todas elas
Escrevi uma carta
Guardei na gaveta e vi o tempo passar na

janela
Hoje só por hoje... eu me perguntei
Cadê o sorriso?
Todas elas vieram e me abraçaram pela manhã e na brisa do vento ouvi as vozes femininas cantarem aqui dentro
Respondi bom dia
Olhei no espelho e sorri
Fiz um pacto comigo mesma e agradecia todas elas dentro de mim
Hoje só por hoje... Faria tudo de novo!

Olhares de uma tarde

O céu é mar nas cores do arco- íris de outono
O inverno não aquece e esquece de levar a saudade presente
Os corpos a perder de vista não sentem mais os sabores do prazer
O céu traz a sensação leve no desenhar das nuvens
Cada traço nas minúcias no pintar das vontades de Deus
A exposição das vontades alheias que transpassam a olho nu
As cordas invisíveis das amarras da alma
Assoladas em casa
A visita recebida por engano na janela
A lembrança nossa sentida na esperança do amanhã
Os sorrisos no desabrochar das rosas
Era outono e o inverno era dentro
A natureza se amava enquanto pra humanidade bastava olhar
O vírus era o mesmo de sempre
Os humanos...

Do alto de uma árvore

Subi num pé pra ver o que sentia no peito se aproximar um cadin mais do céu,
Eterno espírito de criança brinca de fazer das palavras a melodia nas andanças marcadas.
Espaço natural me chama na aventura de viver a selva de pedras dissolver perante a verdade do sofrido "capetal".
Saúde sadia com mente sã voando nos galhos com os pássaros,
Cantamos juntos hoje o hino da liberdade!
Amamos juntos a celebração no entardecer de mais um dia vivos!
Nos horizontes as cores das orações feitas.
Deus tem praticado bem os desenhos a olho nu!
Foi assim mesmo que olhei pra cima sem ter medo do que me esperava lá embaixo.
Abaixo dos meus pés passaram diversos caminhos.
Acima dos meus olhos eu tenho a oportunidade de agradecer apenas àquele doce instante que não volta.

As nuvens dançavam alinhadas no compasso do peito e cia.

Mãos dadas
vida e morte

De mãos dadas com a morte eu vou caminhar
A dúvida consome a dor do oculto do amar, amor
No lugar a lembrança
Afeto afetamento
Afasta e preenche o ar a peito aberto, atravessa a cia
Amar não teme, amor
De meu só lhe tenho nome
As faíscas à espera,em chama na cama consomem e somem
Olhando pra lua em estrela natal
O sol raia no toque das pétalas em cima do negro céu
Era véu sem neblina, a cria nascia no sul da zona
Quebradas juntas o tempo recomeçou
Da vez que fui no ímpeto contra
A que voltei no impulso da sorte
O vento vindo sopra a paz e a água doce

segue
Ao menos os gostosos dessabores deixaram o requinte da sobremesa na mesa vazia
Se puderes
Se quiseres
Mas as mãos dadas te lembram que a morte e a vida são cia.

Céu azul

A folha de Deus tecida em águas
De pés descalços a vida caminha
Sobre a mata à beira rio
Morada do meu coração em líquido fundo
A solidão agora é solitude no mundo
A cada tijolo empedrado no entremeio cimento resiste
A casa embarca morada firmando o eu que persiste
Sou rio em correnteza
Adornado pela natureza
Sou gota e mar
Solidez que canta em céu aberto a navegar

Tambor

Do meu tambor cuido eu, seu moço,
Da pele, do toque e do som só meus ouvidos entendem
Do meu tambor cuido eu, seu moço,
Dos calos, das dores do ejé dos ancestrais só eu sinto
Do meu tambor cuido eu, seu moço,
Dele ecoa a alegria que eu mesma faço renascer no compasso
Do meu tambor cuido eu, seu moço,
Ele é caminho, alma e reza no soar das vozes femininas que tocam dentro de mim
Do pulsar que só meu coração entende, seu moço,
Do meu tambor cuido eu.
Seu moço, deixe de abuso e respeite o meu legado
Não venha com seu patriarcado
Contar a história do tambor que é meu

Não vão mais me calar

As marcas do meu corpo são os semblantes da alma
Cada marca representa uma história silenciada que meu próprio templo trata de contar
Lembro todas as vezes que
Silenciaram minha voz
Silenciaram meus sonhos
Silenciaram meus sorrisos
Silenciaram minha escrita
Silenciaram minha dança
Silenciaram minhas crenças
Trataram logo de silenciar o meu eu
Meu corpo grita
Não tem por onde correr, todo meu silêncio oculto sangra mês a mês
Fingi por muito tempo não ouvir as vozes sufocadas
Um dia levantei da cama senti aquele silêncio pulsar nas minhas mãos trêmulas
Era meu corpo gritando

Encontrei afago nos tambores
Carregava o tambor pra lá e pra cá
Meu primeiro instrumento é da Guiné
Veio de longe ecoando ancestralidade
Que me ensina a dar voz ao que precisa ser dito de dentro pra fora
Por que de fora pra dentro já não me fazia sentido
Com as mãos no tambor
Voltei a meu eixo e passei a ser o que sou.
Assumi todas as minhas vozes
Das marcas aprendi a cuidar e me trazem sempre a lembrança de que não vão mais me calar

Zeferino masculino à Zeferina feminina

No cinza da babilônia ressurgiu Zeferina
Escrevinhar e trinarésua sina
Transferiu a conexão das baías fluidas na
Bahia adentro de si
Pequena África brasileira negra
Onde amar é ser mar
Do rio miscigenado sangue vermelho dos
corpos
Irrompe do silêncio dos mortos a luta
Deriva da costela de um Zeferino masculino
Tornando-se completa feminina
Carrega o caminho na ponta do ofá Zeferina
Levanta a voz encantada
A flecha é certeira na palavra
Do Urubu as lições na lida
A periferia à margem na labuta
Pluralidade nas águas, navegar
Descendente das memórias aterradas
Escudo subversivo do poder, renovação
Ressignificação a favor dos oprimidos não
ocultos

Mulher preta medicina curandeira
Subindo a ladeira social
Afronta os brancos carmas do patriarcado
Exaltando a raiz matriarcal

Palavra é Gira

Palavra é feito vento que vem leve na neblina
Com água do céu caindo bem fina
Molhando as contidas na ponta do falo que língua
Ar que condiciona as idas e vindas
Hora é leve e hora eleva-dor
Partindo ao meio com força macias nuvens brancas no azulejo do mundo
Pra voar tem que ter asas
Avoa a voz que benzeu ontem o filho que pari hoje
Amanhã a criança nasce no ventre terra quente
Se acolhe no fluir das águas que nutrem
Crescendo com as asas no vento é gira

Brisa na militância

Eu sou o que sou e o que digo!
E gosto disso.
Poeta das ruas, me encontras ali na primeira esquina suja,
Jogada para pombos famintos de conhecimento!
São hipócritas!
Me tomam o tempo...
Perdida? Eu não!
Hoje sei bem minha colocação,
Aprendi a me camuflar... Hipócritas!
Desprovidos de conhecimento!
Não sabem da vida! Acham que pesam...
Essência perdida!
Não se olham no espelho, olham só pro próprio umbigo
Eu seria assim se tivesse me perdido
Me olham, me julgam, sempre a vítima, dizem que me faço assim!
Mas não percebem que perdem seu tempo olhando pra mim.
Mendiga!
Rato sujo!
Estranha!

Desgraçada!
Entre outros denominadores, acredite, me chamam também de puta!
Eu mulher corrente, que escoa do ralo ao cano, do bueiro ao rio,
Puta de luta! Vida por um fio.
É assim que vivo!
Vegeto!
Me coloco em meu lugar de merda, me faço adubo e germino no autoconhecimento.
Se água, seria chuva!
Para lavar a alma dos suburbanos!
Segundo ato da cena, como diria Policarpo Quaresma... Não tema!
Quem vive luta!
Levanta filho da puta!
A sociedade pede!
Não tema!
É a verdade em minhas palavras!
Foi o meu registro de renascimento
Me faço em palavras jogadas ao vento!
De vento presente,
No passado furacão,
Hoje sou apenas brisa!

Atitude

As atitudes dizem mais do que as palavras
As palavras vêm e vãoa todo momento.
O movimento, uma decisão,
Por um instante que seja as atitudes ainda dizem por si sós.
Mais valem dois pássaros na mão do que um voando sozinho,
É o corre, corre do dia adia que não deixa esse passarinho aprender a voar
Atitude?
Onde há atitude?
Pois é um tapa bem dado, ainda dói mais do que um palavrão.
As palavras são merdas jogadas no ventilador
Com o tempo elas se transformam em adubo ou simplesmente vão para o ralo.
Atitude mulher!
Acorda!
Olha a conta pra pagar,
A roupa pra lavar,
A filha pra cuidar,
Problemas para enxugar e lágrimas e mais

lágrimas a inundar,
Para fazer do seu dia, mais um dia
Apenas isso!
Eu prefiro ser eu mesma, pois não estou de mudança.
E, se estivesse, viajaria pra bem longe!
Prefiro a verdade mais suja à mentira de cara lavada!
Agente encontra as pessoas certas, nos lugares errados
E as pessoas erradas, agente encontra em todo lugar!
Já sei! Vou fazer do meu coração uma pedra,
Porque, se for de lata, pode ser reciclado!
Não, eu não sou uma qualquer.
Pois uma qualquer não ama a vida, mas trabalha por ela!
É, Deus me deu mais um dia pra respirar,
Mil coisas pra me preocupar,
Mil amores pra encontrar,
Mais mil lugares para conhecer,
E uma palavra pra dizer,

"Felicidade!"
Um sonho tem asas para voar,
Tudo em prol da "felicidade",
Dinheiro pra comprar as assas de um sonho,
Tudo em prol da "felicidade",
Alguém pra dizer que no final nada disso vale a pena,
Tudo em prol da "felicidade",
Trabalha!
Trabalha!
Trabalha!
Negro, tem que trabalhar "feliz"!
Com sorriso na boca e nariz fino de tanto fungar a mentira desse país!
É ...tô sentindo o cheiro da "felicidade"!

Café sem açúcar

Gota de café sem açúcar
De fronte na frente despertam as dores a cabeça pela manhã
Preocupações a perder na vista da mente
Contas nas gotas de café
Doce amargo fel
Café sem mel
Na cana acarreta a exsudação dos que antes de mim vieram
Negras vozes assombram na elucidação
Café sem açúcar nas gotas dispersas em bocas secas
Terra à vista descoberta alheia e desapropriação
Aboio varado no barro
Semeia no prato de café com pão

Agora

Eu não sei o que vou comer amanhã
não sei a roupa que vou vestir
Não sei...
Amanhã é ilusão
É pleonasmo
Utopia de segurança sem fundamento
Amanhã é viver o hoje de cada dia
Amanhã é esperança sem preparo, sem
controle
O medo é exumação e excitação em tudo no
tempo que semeia o ontem, agora e o amanhã
Amanhã meu amor é vida!
É respirar sem querer e tirar o ar dos ventos
que tornam as noites intensas na solitude da
poeta no gozo da poesia

Amanhã chega cedo, tarde e de noite, bem como a ela convém
sem devaneios do ontem, com planos de hoje e a excitante mulher que se chama Amanhã.
Ela é a mais aclamada das mulheres incertas e na aventura de seus cabelos ela desenha um novo corpo todos os dias
Hoje é o companheiro da amanhã de ontem
Em tempo não quero nunca adivinhar amanhã...
só desejo que ela chegue doce e leve como esperança e traga bons ventos na despedida quando se tornar noite

Números

Números,
A excelência dos valores,
Para avaliar a humanização,
Admitir um erro é de muito mais valia do que simplesmente penalizar,
O admitir é aprendizado,
É soma,
É a sabedoria,
Punir sem ver o êxito,
É subtrair,
Que se multiplica em reticências que se dividem,
Onde cada um vai para seu lado na hora de fazer a conta,
Os menores são os que sofrem,
São comparados com pontos, vírgulas e se em tempo seriam segundos,
Os maiores no fim do resultado se esquecem,
Que no montante deste conjunto precisam de cada número, ponto, vírgula
E se fosse no ponteiro do relógio se contariam os segundos e minutos de cada uma hora.
Passa,
O tempo passa,
As horas vão,

E ainda assim nos feitos realizados da vida se esquecem dos verdadeiros números,
Querem subtrair dos pequenos cada vez mais,
Exigem do outro o que deve se tirar de si.
O ser humano vai diminuindo,
E os grandes números engrandecendo,
Quando na verdade precisamos humanizar os números,
Não os moldar,
Não criarmos outros números, onde não há espaço físico e mental
Metas e retas, o mundo é redondo.
É um círculo não calculado em diâmetros precisos,
Aprendemos a dar voltas para se chegar a conclusões,
Uns que são 5,
Outros 4,3,2
Até mesmo o que seria 1, não deve ser julgado pelos seus verdadeiros feitos?
É mais fácil fingir, calar, omitir do que abrir-se para o mundo real,
Vivemos em realidades paralelas,
Onde a desigualdade existe, a hipocrisia persiste

de mãos dadas com a ignorância.
Vamos nos humanizar!
A palavra não tem métrica!
É feito vento, não se calcula e nem existe uma fórmula correta para exercê-la
Tem que se tomar cuidado para não criar ventanias
Mas no final de tudo o tempo leva...
Esta é a solução,
O escudo é estampar na cara dela seus feitos e proezas, faculdades e posses.
Pois quando se tenta usar de humanidade
"Sentimento" não tem mérito
Há um ser humano na calçada,
Há um ser humano desempregado,
Há um humano!
Apenas.
E, quando enxergarmos isso,
Será o Recomeço!

Lamento de lavadeira

Sinhá! Lavo tua roupa com dendê
Que de onde vim é o sangue dos meus
Que a sinhá regou na tua terra pra crescer prosperidade
Da tua roupa nem sabão de leite tira essa mancha
Lavo, esfrego com dedicação que é pra não ter retorno da cliente
Afinal a sinhá tem que sorrir com meu trato
Do branco da tua roupa suja eu não lavo minhas mãos
O branco que carrego na alma a sinhá até tenta
Mas não consegue apagar.

Arteira

Sou arteira
Tenho a arte que aspira de dentro e fora
Seja com a criança que boneca preta não teve e hoje aprendeu a fazer e ensinar
Seja com a ancestral que tina a minha sina no aye
Sou arte e educo-a-dor a disciplina de sorrir mais leve
Fazendo as manhãs ensolarar com sorrisos soltos e cantigas em roda
Às vezes é no caminho que a gente afina o erro e toma pulso pra acertar
É na oficina com elas que volto a brincar
Sou arte-inteira.
Esqueço de mim na brincadeira
Bonecas e Orixás inundam o barco da vida
Entre cantigas e fitas a mulher vira cria
Agradeço aos mestres que trazem a arte da partilha
Agradeço a arte que viva, me ensina a ser mar.

Orí

São quase seis da manhã
E eu que perca o sono de novo e de novo
Vira pra lá e dorme cá
A cabeça na labuta não quer descansar
Orí calma, orí
Orípede,orí
Oríagradece,orí
Orialafiou!
Coração da mente é orí
Diz o que pensa baixinho e quando grita,
Grita alto que é pro mundo todo ouvir
Aff!o peito de amor não dói
O que dói é a saudade dentro do coração da cabeça
Oriôôô!
Orialafia!
Orí, o Deus que habita em todos os corpos
Os olhos da mente humana
Se faz coração que abre e fecha
Liga, conecta, faz
Orí habita as cabeças do mundo
O mundo habita nas cabeças

Salubá

Na morada de Nanã tudo se transforma
A mãe que a todos gera e com amor os colhe
A terra que nos acolhe e sofre no amanhã da seiva que alimenta a vida
É no néctar dos mistérios da humanidade
A líquida sensação de poder sobre ela
Mas ela se volta a ensinar suas crias
Ancestral que perdoa o desrespeitoso amor humano
Transporta em seu seio a sabedoria
Ensina no silêncio e a todos guia

Oyá Ntima

Meu coração são as memórias que pulsam
Para podermos nos conectar com mais profundidade
Estou a mergulhar nas minhas águas
No rio Níger a caminho do rio Opará
Sentindo hoje as pedras que me destes arranharem a pele preta que blinda feito armadura
O bronze do fogo consume as perdas dos nossos
Transforma o ejé regado no aye em força e luta na saga dos nove céus
Para fazer o tempo parar em nós e fixarmos na explosão do êxtase em nosso próprio mundo e equilíbrio
Sem deixar os sentidos em evidência e sim deixá-los aflorarem na instância e intensidade do nosso fluir nos ventos de Ntima
Mãe dos raios que me guarda com eruexim e embeleza o entardecer rosado radiante a olho nu
As asas em cores de esperança na natureza que ronda

Minhas memórias pulsam nas sete voltas que dei
Nas sete voltas que dou, nas sete voltas que vou percorrer tempo em torno de baobá
Respirar hoje dói feito a ponta do alfanje que parte os inimigos ao meio
Seu amor me toma na veia
Mãe que por amor me entregou a Oxum para fluir leve e doce nas vitórias
Mãe que divide a guarda, mas não me deixa sentir o sabor da terra quando caio ao chão
OyáNitma que me rega com amor e torna cada queda um impulso para erguer-me nove vezes maior
Por nove amores que tive
Por nove beijos que dei
Os nove que tanto amei
A ti Nitma me entreguei

Colo de Oxum

No colo de mãe é amor em festa
Agradecer é ato de constância demasia
Derrama água em abundância alegria
Renascimento de valor que aflora nas baías
Denso rio vermelho banha as dores
Transformando amores no eu resistente
Seu abebé carrega o poder do sol e da lua
Éventre que nutre a terra em todo lugar
Oxum sofre pelas dores do mundo e o mundo sofre as dores sem Oxum
Oxum sofre sem seus filhos e seus filhos sofrem pelo mundo
Não existe mãe sem filho
Não há filho sem mãe
A coragem no ato de despertar
Pedi valentemente o verdadeiro amor
Oxum deu-me a entrega
Adormeci em anseios no tempo
Oxum levantou-me
Mantive-me ao chão mergulhada na prepotência e ilusão
A crer que ao chão poderia caminhar humildemente

Sem dar rasteiras,para um dia elevar
Mergulhada no medo estado
Medo tamanho de ocupar outros espaços
Erguerno espertar da entrega
O tamanho ocupará todos os espaços que são
Espertar por mais que doa,jamais irá derrubar quem realmente esteja ao lado
O chão foi fortaleza
Para enxergar o inimigo reflexo de mim mesma
Agradecer é ato de constância demasia
Pertenço a Oxum por nunca desistire
esperar o tempo engendrar no meu fluir
A cantiga é fortaleza, supera a ação
As águas seguem sobre os obstáculos à vera
No percurso da segurança o colo de mãe abençoa

Para no final encontrar as farturas do mar como recompensa
Colo acolhe, aquece, doce mel com dendê
Transcende a ancestral que me habita no aye
O ilá de ieie nos caminhos árduos de Exum
Duas faces em equilíbrio conexão com Orum
Oscuro na luz da alma adentro
Águas que banham entre o amarelo e o vermelho denso
Alegria na tristeza outrora
Oxum é colo de mãe ora à hora

A cobra de Xangô menino

Entre o fogo do peito
O da carne grita
Arde a saudade do que não foi
O que devia...
No calor da água e frieza da correnteza se vai mais uma Zeferina na guerra
Na labuta da mente
Conexões no entrelaçar de Dan
Dan onde a pele brilha dourada no amanhecer do dia
A cobra que se torna o eixo de um mesmo mundo
Aquele que sente e observa
A serpente dourada de xangô menino
Do alto da pedra faz seu ninho
E toda hora que a água passa ele fica a admirar a beleza dela
Por ora nada e por ora se afoga
Mas morrer na água não é sua sina
Aprendeu a nadar nos braços de quem o carrega.

O desejo da Dama do Rio

Lhe desenharia todo com a boca, menino,
Tu carrega no olhar as labaredas da chama,
O fogo de xangô que queima no toque da pele e explode na boca em água corrente,
Tu mata a sede da dama do rio e a coroa como rainha nas nascentes d'água.
Entre as pedras ambas as partes em condução fazem amor
Pulsam selvagens sedentos, ao natural
Assim alimentam os desejos e dejavus da terra do mundo.
Menino! Escorre na boca minha...em líquido incandescente
Percorre os fios de seu corpo o suor despudorado
Dedos seus dedilhados na minha calimba fazem o soar do som ecoar no gozo dos prazeres
Seu olho de fruta jabuticaba malícia,
Tem mistério da noite de lua cheia
Teu cheiro de canela me preenche de calor

ao inalar meus poros
A pele em chama fermenta todo aqueleaffair ...
Nos caminhos entrelaçados pactos no peito das baías de dentro.
Conversamos pelo olhar...
Somos espelho um do outro
Ora água nos une e ora água nos guia a fluir
E no toque do tambor cadenciado só coração entende!
Venha, menino, se lambuze em deleite!
Se jogue com força nesta sede que não passa!
Em breve o retorno já escrito deste encontro, as conexões
Por hoje nos basta acreditar que o que sentimos é verdadeiro
E que seja permitido vivermos esta conexão diversas vezes em demasia

Oxumarê

É na dualidade do encontro,
Que corro no infinito dos ciclos,
É na renovação do dia e no despontar da noite.
Dan percorretodos os caminhos das matas da metade do mundo.
Na outra metade se completa nos rios da própria calda e reluz a luz dos segredos em êxtase no céu azul,
Fazendo germinar ouro do aye,
Se torna o movimento cíclico pro homem.

Aro lê!

Na ponta do seu ofá dilui meus medos
Em águas verdes clareando outras consciências
Observa o encontro, natureza raiz
Trançando passos em cipós
Demarcação territorial matriz
Sabedoria de baobás ancestrais nas águas
Encanto de cura e mágoas
Força, coragem, animal
OdéOkê! no aro da flecha que abre
Caminho certeiro de fé
Planta, colhe e semeia
Semente nas poucas palavras
Regalo é fartura a mesa
As matas em manta de folhas a pele
O salto da caça viva no dente
Sente dentro
Traz ao centro do peito
Aro lê Okê!
Amor de pai é verdade
Em meio a tempestade
Navalha no tempo de ser
Protege sua cria que sangra

O sagrado silêncio é velador
Andarilho utópico professor
Amante de peles alheias
Conquista de grandes aldeias
Merece o rei a tropa
Os seus a lida convoca
Nos olhos abertos escolhe
Acolhe no laço do abraço
Certo que a conquista vem
Vitória é entrega
Seguindo o brilho da lua no além
Os ciclos renovam os votos
Os sonhos serpenteiam o fim de ciclos mortos
Sentir a presença do rei é cura aberta
Confia, enfrente, a frente enfrenta a luta
Guerreiro de uma flexa conduta
Próspera na palma desfruta
Aro lê!

Força, coragem e fé

Encarne d'alma
Amaciar
Carinho grande pungente
Pré-aceito em passados andados
Mestres olhares direcionados
Sagrado profanamente
Beijos em desculpas dadas
Cutelos, terçados no destino
Ferrado amor desatino
Medicamental defesa assiduamente
Flor na chita, sotaque dos corpos
Lembrança vigente
Oxum apara em aliança
Ogunja conduz na confiança
Dejavu do Orí desequilibrado
Equilíbrio formado
Amizade de duas cores
Fiéis são nossos amores
Até o final dos sabores
Um dia privados

Memórias presentes
Feitura na dança
Dois corpos ardentes
Premissa genuinamente
Elo corrente
Treta divinas pretas
Soluções conjuntas feitas
A fase das facetas
Guardadas nas gavetas
Orixá on-line
É Wi-fi na distância
Aproxima na ocitocina
Cinema de cafuné
Cachaça abraçada
Conexão abençoada
Força, coragem e fé

Batalhas

Amizade verdadeira
Levantamos esta bandeira
Buscamos algo em comum
Vencemos batalhas com o amparo de Ogum
Caminhos trançados e laços formados
Exu na porteira direcionando os passos dados
Ombros largos e peito maior ainda
Para recebermos uma da outra
As confissões mais loucas
Nosso axé vem dos Orixás de guerra
Nossa proteção quebra demanda e feitiço
aqui não pega
Nas ruas de Zés e Marias encontramos
diversas navalhas
Mas sabemos afiar as lâminas e assim não
temos falhas
Nas teias da vida

Levantando a poeira salve as 7 saias
Amamos de forma intensa
Nem todos que amamos compensa
Mas nosso amor verdadeiro é puro
Derrubamos todos os muros
Os inimigos tentam, mas não conseguem quebrar
A nossa corrente aliada e abençoada pelos Orixás
Formamos nosso quilombo e raiz
Aqui a tropa é grande com todas as militantes da nossa matriz
Sabemos ver os corações e as almas
Quem mente pra nós não tem voz e vez
Essa corrente é forte e foi agente que fez

"Semaninha"

Gosto de sentir o vento vindo da janela
Só pra ficar mais perto do mar
A natureza tem dessas coisas
Se faz sempre presente
Costumo regar as plantas aos sábados só pra sentir o afago das plantas colhendo meu mel
A segunda-feira é dia de demanda, fumo corda pra acender luminosa reza pra Laroyê
Quarta o peito sempre se enche de amores e o calor é dendê derramado no corpo
Domingo perco a hora na cama é dia...é noite...xiiii já foi
Terça e quinta é feriado nacional
A prosperidade canta junto na janela e a semana anda mais leve
Sexta-feira o silêncio do dia clareia a luz da noite e a paz vira festa

A magia das folhas

Agué o senhor da folha sagrada
Segrega o segredo no tempo
Renasce da folha a vida
Afina o pacto na cura
É o afeto cultuado ao outro
Que afasta Icu da sola dos pés
Feiticeiro amante do fel
Desvenda o olhar humano dos enganos que assombram
Ensina na sensatez dos sentidos instintos
A medicina do respeito natural
O ciclo da vida na folha que colhe
A vida na folha que cai
A vida na semente que prospera natureza de alma que esvai
Aguéconhecedor das doenças e amores
Desperta o sono das plantas e flores
Cama de folhas sagradas
Abençoa o corpo animal presente
No opere a colheita da viagem recolhe as dores da gente
Sem ele não tem fé, sem ele não tem nada
Balança o ori na cabaça encantada de Aroni

Mato folha para limpar a sujeira
A memória dos nossos antepassados na poeira
Silêncio.
Ewé racional reconhece o mistério
Na vida exala e na morte inala fumaça o fumo rolo no tempo
Das rezas o vento cochicha
Cosi euêKatendê está em terra
Verdes olhos penetram no amarelo ouro
Brilha sabedoria magia
Sasanha das folhas cantadas
Esperança de um novo dia
Terra em desequilíbrio
Agué semeia harmonia

Água de Arroz

É da água do arroz sem tempero
Que eu acalmo meu orí
Alimento o sagrado com a paz que tanto almejo ter
É do arroz fervido na água quente
Que deposito a fé ardendo na chama do peito
A vela que nunca há de apagar
Oxalá guia e conduz
É no arroz que às vezes falta se eu não der conta dos corres do mês
As divisões mal feitas da sociedade ambígua
A margem me serve de morada marginal e o arroz aqui servido dividimos por igual
É da água que mexo com zelo
E o arroz de cru vai dando forma e emanando cheiro
Cheio de história pra narrar
E das minhas mãos pretas não canso da labuta diária para fazer esse arroz prosperar
XeuEpa Baba!

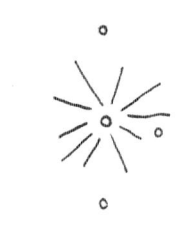

" Rapidinhas"

Sou uma corpa preta livre presente
Na calada da noite o encontro comigo
mesma é marcado no passar das horas
A cada encontro uma resposta
A cada resposta uma pergunta
A cada pergunta a liberdade se faz latente
(Zeferina mulher)

Ser Zeferina é ser uma gota de orvalho nessa imensidão
É ser líquida
É ser caminho no rio vermelho na geografia do encontro das baías no ayê
(Zeferina mulher)

Quando uma mulher sonha em chegar à lua, lembre-se de que ela carrega a lua própria dentro de si.
E um dia, ao chegar ao topo de uma árvore,ela assumirá para o mundo o formato de suas raízes.
Uma mulher que sonha em chegar ao topo de uma árvore já encontrou o caminho para enxergar a lua e estará no topo em breve
(Zeferina mulher)

Por uma vírgula, meu coração ficou na mão
(Zeferina mulher)

Nossa saudade começa no até logo!
(Zeferina mulher)

Se a saudade bater
Apanhe!
(Zeferina mulher)

Prazer meu nome é verdade
A verdade choca, a verdade é julgada
A verdade machuca,
Mas na verdade ninguém sabe é que a verdade se machuca!
(Zeferina mulher)

O coração é folha que vento leva
Se num tiver um galho forte pra segurar ele
voa longe
A árvore mantém o galho firme pra isso
A razão do orí e o sentimento do coração têm
que ter equilíbrio
É difícil quando se gosta de alguém
E voar passa a ser uma sina pra folha seca...
(Zeferina mulher)

O meio é caminho que não tem pedra,

Tem mulher tocando nos tambores,
No tambor faço em mim alma e reza!
De lavadeira, canto na cozinha,
Os sertões das dores ancestrais,
Presentes no coro destes animais,
Reza sofrida, música que soa,
Alegria renasce, no tambor da mulher que ecoa!
(Zeferina mulher)

Meu coração queima como vela acesa no

peito.
Feito dendê e mel quente.
No olho do furacão eu enxergo de longe.
Já trato logo de cortar a mandinga ruim antes que a reza aconteça.
Queimo bem pranum ter tempo e nem temporada.
Até o medo corre de mim antes que eu pegue ele.
Nessa brincadeira de velho e novo, saio mirando a flecha.
Assim batalho pelo que amo e a vitória é certeira.
Sou filha de feiticeira.
Filha de justiceira.
Filha da mata inteira
(Zeferina mulher)

Sou vulcão sem culpa
As almas se excitam quando a presença é
gostosa e os corpos se encaixam
A excitação das palavras ecoa no entardecer
das almas contidas
e o êxtase momentâneo da espera a espreita
fazem o gozo gotejar na mente a cada
lembrança sua
(Zeferina mulher)

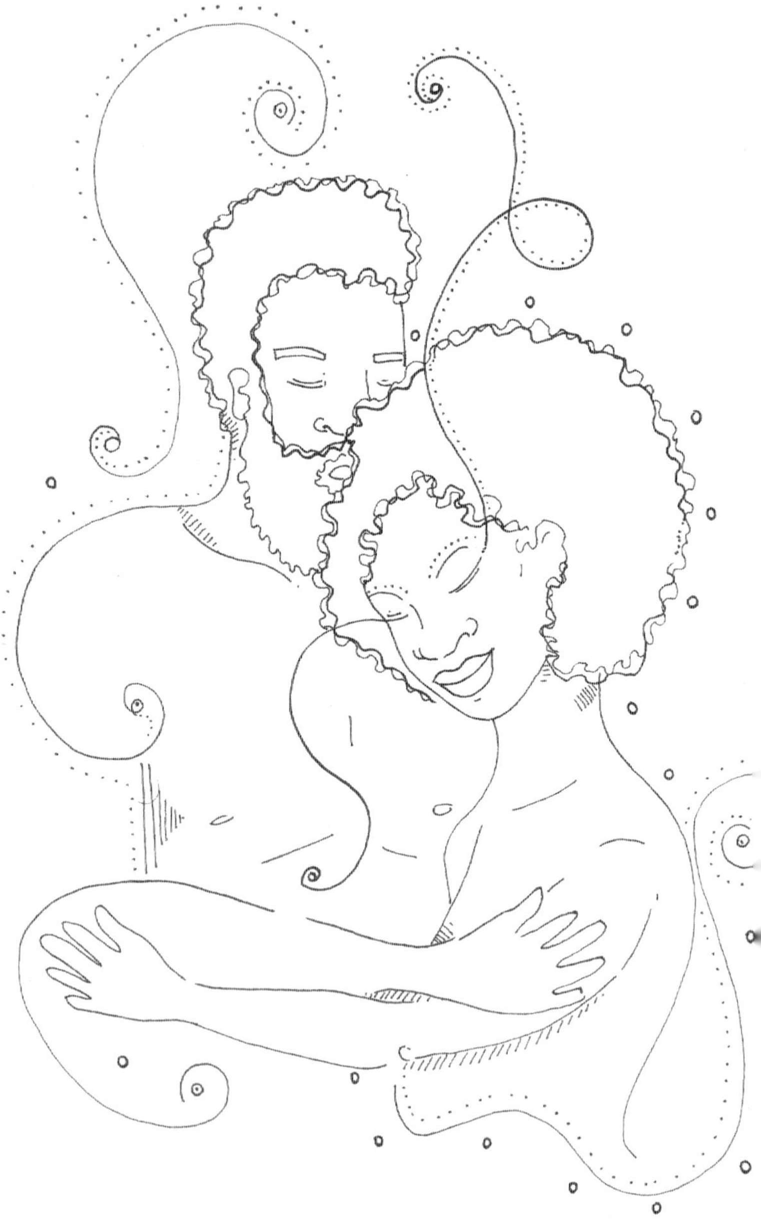

ZEFERINA CASADA

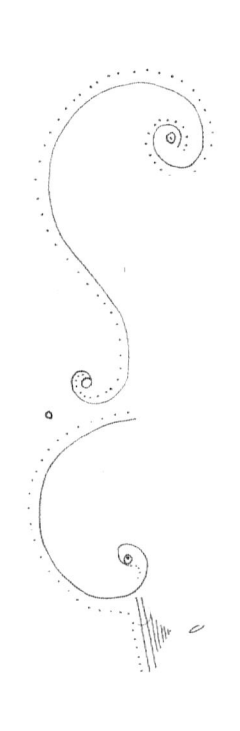

Noite fria

Frio lá fora
Pés e mãos gelados
Desejo ardente
Cabelos emaranhados
Pelo em pelo
Afago em poesia explícita
Salivando amor e malícia
Cheiros em lençóis
Suor e pudor
Dedos úmidos a me desvendar
Lábios sedentos a te acariciar

Delírios

Quero te amar, feito bicho no cio.
Navegantes das ruas
Sinto seu cheiro, seu sabor, amor!
Palavra essa que desconhecia.
Me cobre e descobre, o bico do seio, que boca macia, mordida gostosa,
Que me arrepia os cabelos, até onde não tenho mais pelos.
Afagos ardentes, gemidos no ouvido,
Escondido.
Para a sociedade hipócrita não nos ver, em meio à praça dos pecados, no banco sentados,
Nos amando loucamente,
Na ferocidade ardente, sexo incandescente.
Minha cor, sua.
Ardor da pele negra, minha boca nua.
Louca para provar o seu sabor proibido.
Delírios em você,
Gemidos calados, para não serem ouvidos, somente sentidos
Beijo proibido!
O desejo! O beijo!
Camisinhas de boca é o que precisamos!

Se todos soubessem que, quando nos beijamos, estamos nos entregando,
Apenas sexo explícito só isso.
Sentidos aflorados, pelo no pelo.
Desejo que arde
Viajo em seu corpo,
Em sua imagem,
Não quero outro!
Desejo e posse
A noite no cio
Feito cachorros de rua
Lua e estrela, estrela lua.
Se cadente, caía aos seus pés.
Põe a mão na minha coroa, a outra me cobre a cintura ... É loucura!
Há... Que viagem...
Afagos ardentes.
Eu queimo.
Pelo no pelo, cabelo no cabelo!
Em chamas... Me toca! Me engole! Te devoro! Te tenho! Te sinto! Não minto!
Que calor é esse? Me rasgo em afagos ardentes.

Que calor é esse?
Te sinto! Te devoro! Me entrego!
Encontro de almas
Seu afago me acalma
Vem que sou vulcão e por você entro em erupção
Fogo incandescente, rainha na madrugada.
Minha mente não é santa não!
Delícia! Malícia!
Te amo até de manhã
Me toca! Me rasga! Me arranca o sutiã!
Me despe, diante de ti nua! Somente sua!
Diga que és meu! E serei sua!
No mar me transformo em sereia,
Filha de Oxum mãe das águas doces e adotada por Iemanjá, que me afoga em beleza e ferocidade do mar.
Tu és filho de Oxossi, brincamos nas matas virgens!
É o encontro das almas
Dos corpos
Utopia viva!
Por você mudo de nome
À meia-noite gira, gira, pomba gira.
Um gole de pinga no chão, pro santo

Ago papai!
Minha coroa é sua, meu nego que me faz rainha, príncipe das ruas.
Me rasga a pele
Me toma o coração
Subindo pelas paredes com as mãos,
Feito mulher aranha, que se assanha, eu ardo!
Na vida sua poetisa! Na cama sua poetera!
Puta e sua!
Línguas e sensações
Me devora,me despe
Suga tudo dentro de mim, assim eu gozo
Nossos segredos e nossas vontades.
Olhos de lua
Me chupa até a alma, se eu deixar.
Te chupo ate você gozar
Uivando para a lua, se na praça dos pecados tivesse paredes seria toda sua!
Pois é, agora aguenta, nego! E dá conta do recado! Se não tu perde pro primeiro que quiser ser meu namorado!
Me esquenta a noite gelada, eita língua safada!
Me molha em cima com os lábios, que eu me encharco entre as pernas
Louca, me arranca a roupa

No cio, várias posições em mente!
Com você eu viro bicho, deixo de ser gente!
Preta safada, me chama!
Me rasga em versos, me assanha.
Me usa. Me acusa! Me abusa!

Utopia

Os seus olhos falaram
Sua boca me acaricia
Eita, boca macia!
Minha alma te mostrei no sorriso que te dei
Mas quando te senti em mim me vi sem chão
Na nossa conexão
Se os meus olhos falassem
Ali...diante de ti, estaria nua eu e você,
Amantes!
Feito cachorros de rua.
E se ali minha boca falasse me denunciaria
Pois te desejo noite e dia
Nesta utopia.

Conexões de um amor

A verdade que carregamos nos nossos
corações pertence somente a nós!
Queria eu estar com você em outro mundo,
Não me perder em seu olhar,
Não me encontrar em seus braços,
Não fazer escolhas tão difíceis,
Não descobrir seu lado humano,
Não me iludir com seu lado insano.
Não te amar mesmo sendo você profano.
Não seguir sem te dar bom dia!
Não sentir alegria,
Não sorrir para você,
Não me arrepiar quando te vir,
Lua e estrela juntas, escrevemos nossa história nos céus
Passam as tempestades, o céu está nublado
Mas quando a noite chega estamos lado a lado,
O tempo vai girando,
E vamos caminhando,
Buscando a evolução,

Dentro do coração,
Opiniões alheias, que coisa feia!
Paixões momentâneas
Homens e mulheres de cama,
Ainda assim a alma se entrega a quem ama,
Dor existe,
O perdão está em crescimento
Tudo através do merecimento
No final, a vida é coisa de momento
A nossa energia vence!
E a conexão permanece resistente!

O Homem lua e a Mulher estrela

Homem lua, seus olhos me encantam
Teu feitiço e beleza são canção de Iara
Sou filha da água, sou estrela rara
Em noites cheias, minguantes e crescentes
Me faço ao teu lado cadente
Guiando o caminho das almas ao encontro dos corpos ascendentes
Amor herdado, antepassado não realizado
Almas separadas pelo destino traçado, em busca do tão esperado
Que fora somente hoje concretizado
Conto do céu visto a olho nu dos amantes
É lenda, jamais vivida antes
Registrada por povos que aqui passaram
Contaram e cantaram a história de amor mais bela
Guerreiro lua e sua amada guerreira estrela
Que se amaram um dia
De origens diferentes,
Sangues do próprio povo derramaram e por castigo do destino se separaram

Mas ficaram à espera de que nos lábios de
Iara, a seria mais bela.
Seus descendentes aqui por terra
Se encontrassem para reescrever essa história
e no final sem mais demora o amor reinasse
Hoje lua e estrela ainda brigam entre si
Sofrem com a distância, com o amor que só a
noite entende!
Continuam nesta sina de espécies diferentes
Mas podem se acasalar nesta versão por
serem gente!
Se amar de forma consciente enfrentando
os preceitosdas mentes em suas verdadeiras
vertentes

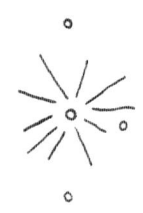

"Rapidinhas"

Você me olhava e eu sorria
Esse sorriso durou dois dias, era uma alegria
que não cabia em mim!
Doía-me até a face de tanto sorrir assim!
(Zeferina casada)

Lado a lado
Entrelaçados
Entre cores e valores
Combinamos nossos sabores
Sem perceber pertencemos
Um ao outro
As energias ruins se esvaíam para o lado oposto
Nem mandinga,reza maldita e inveja alheia
Nós dois formamos nossa aldeia
Forte,corrente do bem
Os Orixás dizem Amém!
(Zeferina casada)

Lua estrela,Estrela lua
Lua nua,Estrela sua
Estrela nua,Lua sua
Lua estrela,Estrela lua
Ai, ai, Lua, calma que assim nasce uma constelação...
(Zeferina casada)

Hoje te encontrei nos sonhos,
Acordei com gostinho de quero mais,
Hoje te encontrei nos sonhos,
Encontrei minha paz,
Hoje te encontrei...E não era mais sonho
(Zeferina casada)

Sentir seu sabor em meus lábios é provar o
néctar da maçã do éden
Provar do desconhecido em cada afago
Quero todos os diferentes sabores do seu corpo,
do suor até o talo
Puxa-me os cabelos e me sobe a garganta!
Sinto com a língua cada pelo em seu corpo,
cada gozo em seu pelo, do dedão do pé até
o último fio de cabelo!
(Zeferina casada)

Sua voz soa em meus ouvidos,penetra em meus poros
Arrepiando meus pelos emaranhados e guardados com zelo
Alimenta minha mente deixando meus lábios de diversos tamanhos úmidos e quentesEntre a noite afora, imagino o que virá agora
No aperto em meu peito a dor do amor perdido,surgindo sem querer
Esse bandido cupido negro sem flecha disparou-me em versos e imaginação
O que ainda chamo de coração
(Zeferina casada)

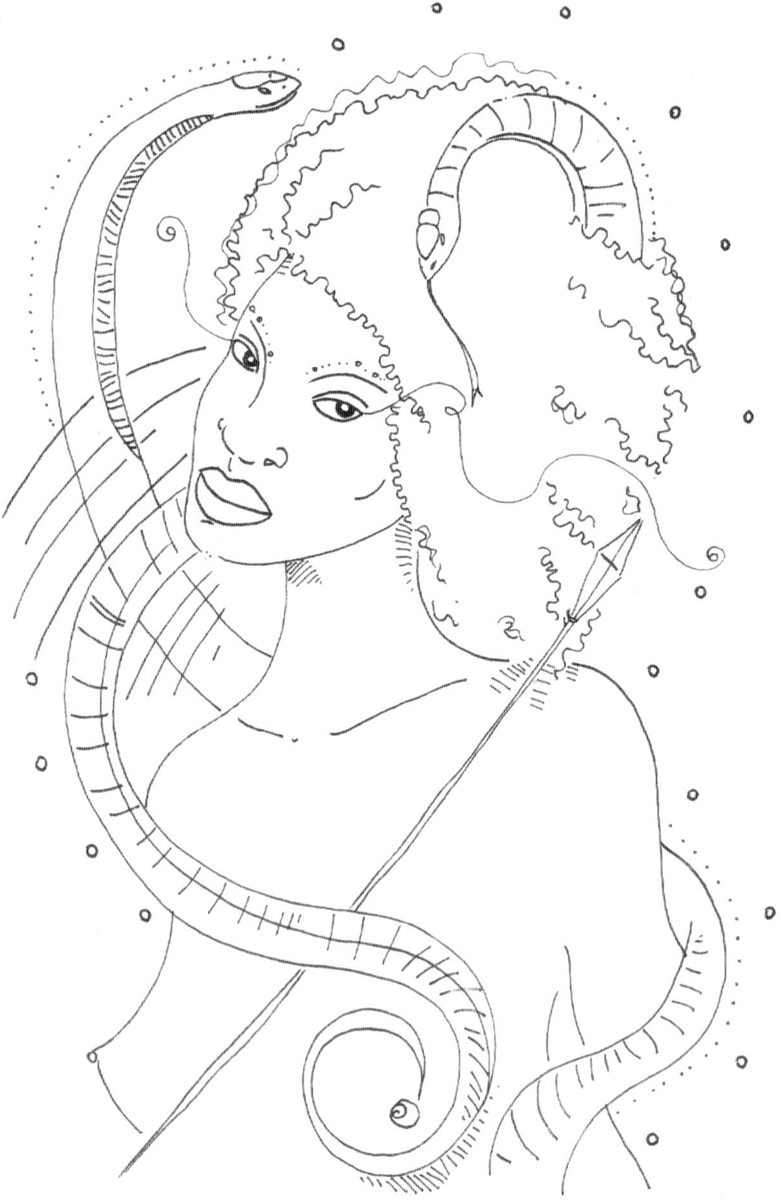

ZEFERINA ARRETADA

Eu Queria

Eu queria que todas as lágrimas virassem beijos
E cada gota que escorre a língua saliva amor e desejo
Eu queria que cada vez que fechasse os olhos o céu me aparecesse com seu brilho que me faz sonhar
E se eu fosse água ou fonte que a cada pensamento seu realiza-se em mim desejos
Queria eu
Queria eu que fosse pele somente, para poder te cobrir em noites frias e aquecer-te os pés
E nos dias de calor feito sapato que guarda com zelo os seus delicados pés
Queria eu que fosse um gato ou talvez uma mosca, ou melhor, um pássaro!
Para te seguir sem ser vista e no momento certo soltar meu canto em seus ouvidos fartos de cansaço e dor
Ah! Ah se eu fosse remédio curava o ódio, tirava o rancor!
Mas como sou apenas humana, deitada na

cama me viro e desviro por lamúrias de amor
E assim vou plantando a esperança, regada pelo tempo que demora passar.
Mas um dia ela cresce e se enche de tudo e vai formando adubo
O que será,será!

Grito de dor

Hoje meu coração grita de dor
As lembranças me abrem, as sensações mais intensas
Me desaguei de dentro para fora
Lutando contra o meu próprio eu
Entre o certo e o errado, que se completam
Amei o errado!
Me amaram errado do jeito certo!
Mas a verdade é que ainda existe amor!
A verdade foi o que eu não soube
A verdade de mentiras que vivi
Não sei se acredito mais em você dentro de mim

Processos

A chuva passou
O dia amanheceu
Eu levantei e tive que guardar a saudade na gaveta.
Deus nos dá um único poder em nossas mãos, o livre-arbítrio
Não estamos acima Dele.
Mandei mensagem, apaguei, me revirei a noite toda.
Eu com febre e a cria também
O leite entornou, ainda assim eu me perguntava pra quê?
Foi tão ruim me ver? Sou um monstro? Te fiz mal?
Não parecia ...apenas não parecia.
Mas são só palavras no vento
A sua atenção ocupa outro espaço
E sigo.
Hoje é um novo dia
Tenho que estar de pé
Vários pensamentos sobre o encontro
Vários sobre o depois
Parecem duas pessoas distintas

Assim eu sigo
Porque o dia na labuta me obriga
E mulher preta não tem tempo de chorar
Segurei a mão da cria, a olhei nos olhos e ela
me diz: "Deixa estar, mamãe, eu te amo."
O coração alivia
Hoje é outro dia
Já não me importa pensar e sentir
Tenho que estar de pé
A labuta me obriga
E mulher preta não tempo ruim
Não posso me dar ao luxo
A gaveta fechada e a bagunça lá dentro gritam:
"Ei vá e volte viu!"
Gritam como quem espera uma breja para ser
organizar
Mas não tenho tempo
O relógio sempre dá a hora de seguir
Não sei quando a gaveta pode se abrir
Às vezes quando me distraio ela abre sozinha
quando transborda
Me obriga a arrumar o que sai pra fora
Lavei o meu rosto e, linda por fora, me

curando por dentro
Vejo um sorriso de um amor novo no espelho.
Era eu comigo mesma
Admirando os próprios traços
Não busco no outro o que eu mesma carrego no peito rasgado: Amor
Respiro fundo, sinto o ar livre em uma nova manhã
Sabendo que não quis arrumar a gaveta, apenas peguei a saudade que tinha caído no chão e coloquei lá novamente
Sem respostas...são só palavras, desabafos e devaneios...
Me pergunto, talvez o outro não leia nenhuma palavra,
Afinal elas juntinhas lembram poesias e entre tantas das quais escrevi as que escrevi contigo dariam um livro.
Limpei a gaveta e segui...

Processos II

Sou eu que às três da manhã levanto os olhos
e te busco aqui dentro
Mergulhar em pensamentos insanos virou
sina diária
Sou eu que perco o sono me revirando do
avesso
Em lembranças que não voltam, mas se
acostumam
O tempo vai devagarzinho para quem fica à
espreita e vem rápido para quem está a buscar
Não encaixa perfeitamente tudo no lugar
Mas a bagunça aqui dentro já me faz sentido
Sou eu que às três da manhã levanto os olhos
e te busco aqui dentro
Na cama vazia o lençol está limpo
No tardar da noite os sonhos são outros
Viver já não faz parte dos planos para quem
fica à espreita
Quem vive busca.
Sou eu quem mergulha na saudade e que
ameniza o tempo
Tampo a peneira com açúcar porque o sal já

comi e queimei a face de tanto desaguar
Sou eu quem procura seus lábios nos meus grandes lábios
Nos pequenos contornos da pele que queima quando a noite chega, calada eu fico.
Às três da manhã levanto os olhos e me pego toda.
Mas não te vejo e nem sinto
Sou eu que perco o sono me revirando do avesso
Às vezes amanheço no tardar da noite em lençóis limpos
Levanto e caminho para um novo dia ...

Metades

Eu, a famosa tempestade em copo d'água
Quem diria na falta d'água use as lágrimas
Símbolo de resistência
Sobrevivência são as palavras que carrego marcadas em meu corpo desde nascença
O amor infantil é bem mais fácil de se lidar
O amor adolescente se divide em duas partes
Ora coração, ora razão
O amor maduro é o mais difícil,
É o equilíbrio entre o eu e o nós
Veja, você por outro lado se diz viril cheio da razão
Bate no peito defendendo os valores que acredita serem do coração
Se esquece de nós
Só lembra de você
E ai de mim! Se abro a boca levo logo um tapa na cara, pois sou flagrada me fazendo de vítima
Eu? Logo eu? Que hoje me entendo esquecendo de mim
Pesando somente em nós
Amor imaturo que me encantou através da

doçura dos seus olhos
Agora vem com esse papo de amigos?
E cadê o tal "felizes para sempre?"
Onde está o "até que a morte nos separe?"
Pois é, cada macaco no seu galho!
É fácil jogar a toalha logo de cara e com
palavras duras formar ondas sonoras de dores
intensas em meus delicados ouvidos
Pois então, olhe em meus olhos e me diga
Põe pra fora tudo o que tem
Cadê? Cadê a coragem?
Vamos parar de lenga-lenga
Sugiro uma brincadeira da vida, uma pequena
reflexão
Substitua o "Eu" por "Você" todas as vezes que
acusar, oprimir ou cutucar alguém
E ...se realmente vir que esta pessoa é quem
você ama
Irá sentir suas dores, suas alegrias, sendo a
junção de duas metades

Princesa e Príncipe

Olhar para você e aceitar que você também erra não é fácil!
Perdi minhas crenças e desavenças comigo mesma
Uma tempestade de lágrimas sem fim
Lembrar que eu me via desenhada em sua íris
Que cada brilho da lua e das estrelas refletia em nossos olhos
Éramos céu,sem limite
Acordar cedo para enfrentar tudo
Contas,filha,tanque de roupa suja
O que me parecia improvável é dar conta de tudo
Mas com você eu tinha estímulo até para fazer café na cama
De sobremesa tínhamos chocolate recheado daquele que chega a derreter na boca
Hoje a saudade criou unha e todo dia arranha um pouco
E cada vez mais cava fundo meu coração
Tudo não passou de um conto de fada mal resolvido
Onde a princesa sempre foi gata borralheira

Mas tinha vassoura e uma espada de São
Jorge nas mãos
Para se defender dos inimigos
Só que o duro é se defender de si mesmo
O príncipe, ah, o príncipe montou no seu
bute largado e sem mola deu no pé
Preferiu viajar no fundo do poço, mas às vezes
quando quer volta para luz do dia
A princesa, ah, a princesa negra feita de
chocolate já não derretia mais, pois do recheio
só restou o vazio no peito
Os olhos não brilham como antes
Ela deseja sentir ...
O cheiro,

O toque,
A batida no coração
Seu príncipe partiu e encontrá-lo na escuridão é muito distante para uma simples princesa
Mas ela o encontra quando ele quer ver a luz do dia
E assim vão levando noite e dia
De estrela, a sol
De lua, a céu
Mesmo as nuvens escondendo suas faces

Desengano

No soar do coco
Um abraço e olhares trocados
Afagos entre corpos que se despem
Transparência no compasso do dançar em falso laço
Ao transpor mentiras em dizeres e atitudes incertas
Se deixando conduzir por mero calor momentâneo
Nos anéis de casco que se quebram facilmente
Na mentira plantada que se colhera em amargo fel
Dos sabores de frutos que não valem as sementes
Nada se colhe
Apenas o ardor do sofrer que grita no peito entre enganos
Viver, sofrer, morrer e renascer
Eu me afasto.
Não há no que acreditar
O passado vale apenas o conto

Não me faço sua e de ninguém mais.
Sou minha!
Sou verdadeiramente intensa e verdadeiramente completa.
A sua fala e falo já não me valem.
Continue... Acorde hoje e escolha mais uma de suas máscaras
Eu me valho de duas apenas, a que me faz única e a que me faz oculta
Sorte é o que desejo, pois não espero nada de quem nada tem
Sou amor em toque,cheiro e poesia
Sou brilho na brisa
Sou estrela magia
Linda por natureza, não tenho medo de ninguém além de mim mesma
Dos inimigos que fiz agradeço, por me tornar melhor do que fui e superior ao que sou hoje
Amar não é só um afeto nulo e sim uma entrega sem juros.

Colher os bons frutos agora

Força no espelho d'alma
Minhas asas em evolução
Poesias em trocas vividas
Intensa sorte pautada nas letras atravessadas
Amor meu eu
Seu não mais.
O veneno desafeto partilhado
Coluna fraqueza desmontada
Militância desassociada
Causa sem efeito
Espaço limite
Medos nos voos superados
Venci quando me levantei
Colher os bons frutos agora

Sorriso meu da alegria minha
Não definidos em um homem
Encerra o ciclo da infantilidade
Sociedade segregada que alimenta a competição feminina
Arma a falta de responsabilidade emocional
Machista prega a empregada do ego amor
Mulher é negra e se basta dentro de si
Amar negro amor é individual e prático
Da intuição ativa o coração se permite seguir.

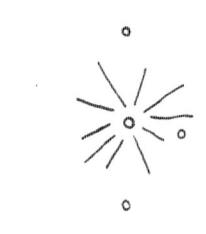

"Rapidinhas"

Não sei mais de você e não me reconheço
Não me importa mais
O quanto sou forte
O que me faltava sempre foi palpável
Bastava olhar para o espelho
O hoje e o agora são ouro
 Seu valor monetário em tempo é viver em real cada segundo.
(Zeferina arretada)

Agradeço por nada sentir
O que me cabe é apenas fluir...
Tive que chorar e já foi.
Por ora faço do meu silêncio uma resposta.
(Zeferina arretada)

Fluida
Escolhi viver
Ser o melhor de mim
Para mim mesma
Fluida
Batalhas conquistei
Orgulho de cada gota que derramei
Do meu corpo evoluía posse minha
Dona dos passos dados sozinha.
(Zeferina arretada)

Já me fartei em sua cama
Não me basta
O amor que recebi em cada gota
Da sede presente
As suas migalhas nos seus processos à mesa
Fome para quem se contenta
Pouco a pouco desconexão
Re-apropriação para Re-conhecimento
Propósitos dispostos em nome e em tempo
(Zeferina arretada)

Eu ando dando flores
que eu mesma plantei
Reguei com muito cuidado o amor que partilhei
Mas a raiz da liberdade é um canto forte e as flores deram frutos ainda mais belos no que era antes impossível
(Zeferina arretada)

Rio vermelho é renovação e resistência!
Fluidez em águas densas, que transmutam a todo instante, para seguir límpida e matar a sede...
(Zeferina arretada)

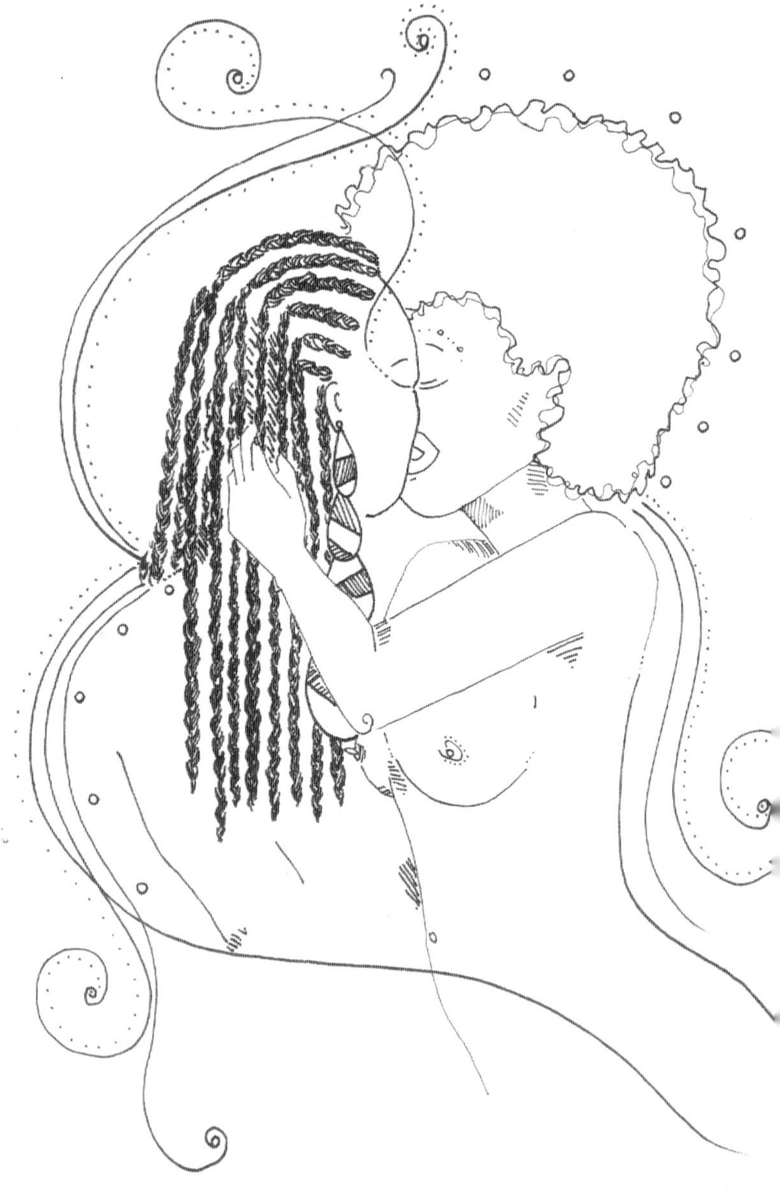

ZEFERINA LIVREGBT

Falo-Fala

Meu lugar de falo-fala não se limita ao que meu corpo propõe
Eu sou um corpo no mundo
Nele faço minha morada
Sou a alma grande que habita um corpo pequeno
A fé-menagem que expresso neste portal vai além do que os olhos veem
Busco atingir as almas
No movimento pulsante
Afronta sem convite
Apenas pela arte de existir

Fino apelo

Fio em pele preta
Macio na sujeita
Afronta no corpo-ativo
Sociedade hetero-genocida
Na fêmia subjetiva
Sensualidade sensível
A olho nu em fio
Movimento visível
Sexualidade viril
A virilha de pelo embucetado
Do suor o líquido despudorado
No braço preenchido
A libertação do cabelo
Sem nó
Distribuído em gozo fino a pelo.

Amar Livre

Quero amar livre
O sentir do instante basta
O agora se faz necessário viver
Quero amar e amar e amar
Amar a mim mesma, amar você, o João da esquina, a Julia e a Fabiana trans
Afinal eu só quero amar livre
E a liberdade não tem rosto, gênero e certezas
Não sigo padrões,
Um homem e uma mulher não me definem
Sigo a necessidade de amar agora
Se o demonstro a Claudia e a Paulo ao mesmo tempo?
É que se faz necessário pôr pra fora
Quero amar e amar e amar
Respeito este sentimento,
Vivo o tempo do agora
Sem monogamia, sem definições
Amor livregbt! Viver o que tiver que ser
Em tempo, segundo e hora
Se me magoa quando Carlos dorme comigo hoje e amanhã está com Maria?

Se me magoa quando Maria expõe amor por Carlos?
Digo não.
Isso me deixa feliz, saber que Carlos também sabe amar o agora e que Maria sente
Quero dizer a Julia que a amo quando eu sentir, quero dizer a João que o amo agora
Quero sentir o cheiro do instante e viver livremente amando

Me rasgo

Me rasgo
Quando sinto pela metade
Quando temo em não te ver
Rasgo peito, pele, bunda
Rasgo o pudor
Me rasgo quando não te entendo
Quando ouço eu te amo
Quando te vejo amando
Me rasgo por esta não ser eu
Me rasgo quando me penetra a vulva
Nos dedos, na língua, na pele
Rasgo tudo
No desejo das lembranças vivas
Nas noites maldormidas
Os pesadelos e sonhos que não vivi
Rasgo toda democracia imposta
Todo machismo à espreita
Rasgo minha boca
Rasgo a buceta
Engulo o gozo do homem
Me delicio com o da mulher
Rasgo o seu preconceito

Redefino e crio conceitos
Praserem relações do meu ser
Rasgo o tempo
Vivo o permitir
O presente momento
O agora se faz existir
Rasgo a cara com a unha, daquele que se atreve a julgar minha sina
Amar sem mono, amar sem termo
Ser afeto
Ser livre ser
Rasgo-me apenas na resistência do ir
Se quiser voltar, volte logo
Seja ou esteja, mas sei o que sentiu por mim
Siga perturbado pelas andanças
Suas rotinas e manias de não se permitir
Continue...
Que eu me rasgo aqui

Já picotei as cartas do passado e isso era ontem
Já vomitei a bebida
Já sorri no sabor das lágrimas
Deixe que me rasgo sozinha
Nas baias que jorram dentro de mim
Nas Marias e Zés
Na puta do boteco
Na labuta do teto
Rasgo-me
Cada pedaço do amor que aqui dentro habita ali está
Rasgo a palavra maldita
O que importa é amar

Margarida e girassol

O que eu busco está em ti
Nos teus mares
Margaridas no jardim
Novos ares
Vejo a lua a brilhar
São teus olhos
Nessa dança a me entregar
Eu lhe imploro
Não me perca, dê as mãos
Vamos caminhar
Essa é nossa canção
Noite de luar
Na manhã entre lençóis
Cheiros a exalar
Lindos são os girassóis
A se entrelaçar
O seu toque a transformar
Tudo em ouro
Nossos corpos a se encontrar
São tesouros

Desejos

É nas suas coxas que encaixo minha anca
É no teu gozo que mato minha sede
No rasgar da pele no pelo em chamas
Que delírio com a lua cheia na cama
É nos nossos sabores misturados
Os cachos emaranhados
As unhas fincadas na vigília
A tua língua que me suga as águas
E a minha se despe toda em teu pudor
São nos uivos da noite cheia de ardor
Que encontro aconchego
Teu cheiro ainda me toma e eu perco o enredo
Desejo,desejo,desejos...

Água e Vento

Deixa-me ser água dentro
Aquela que não toca o vento às margens
Na mansidão, calmaria e fúria de águas doces e tranquilas
Não se molham os pés sem antes pedir licença
No calor dos pés descalços, também se pode sentir o fluir do pulsar no peito. Calma!
Água sente tudo! Calmaria também é desejo.
Por vezes o emudecer das águas também é desejo.
Estamos em temperaturas diferentes
Equilíbrio entre terra, vento e água...
A segurança de águas tranquilas vai muito além da margem.
Sem pressa de pôr os pés, de fundir os laços dos ventos fortes e transformar tudo em chuva
Calma!
Chegue devagarzinho... As águas estão termas
Deixe o vento soprar leve e no mix da brisa

levar a água a todos os caminhos do mundo.
Água também sente! Vento também tem sede!
Na seca do paladar se faz tempestade sem limite!
Calma e... transborde, mas sem demasia ...
Sopre devagarzinho que hoje minha fúria está mansa.

Saudade de uma flor

Aquele amor da alma que poucos sentem;
Já outros jamais sentirão.
Esse amor que grita alcança a alma daquela
que sabe que esse meu amor não mais
encontrará em qualquer esquina.
Saudade é bicho que mata gente
Que dói no peito
Afoga a alma
E num tem jeito
É vontade que desperta feito gota serena
Quando agente vê, já virou tempestade
É copo d'água que num mata a sede
É seca sem chão pra cair
Saudade é sentimento que cresce quando tá

longe da flor que exala a plantação
É dia e noite...hora e minuto contado
Saudade é época sem calendário de aniversário
É lembrança sem contexto
É casa sem endereço
É morrer respirando
É chorar sem motivo
Sorrir feito besta
Sonhar sem dormir
Saudade é sentir e sentir
É perfume do outro
É boca sem beijo
Saudade de você aqui!

Dia-a-duas

Sorrir é ver você conquistar o mundo
Chegar em casa cansada de um dia de labuta
e ainda assim ser a mais bela entre as panelas
da cozinha
É poder criar um prato juntas e enquanto
uma pica a cebola a outra enxuga as lágrimas
e faz o feijão
Sorrir é ganhar um... Como foi seu dia?
Você está linda rainha e consegue superar
tudo. E então conseguir.
Sorrir é entender que a sororidade feminina
não é um unicórnio cor-de-rosa
Sorrir é poder ser livre e amar sem
julgamentos
É sentir o fluido nos "lábios"
E o peito quente no abraço.

Flor de ágata

Rosa amor cristalina
Amor de rosa menina
Ágata lapidada
A vela no candeeiro iluminada
Água embucetada
Cabaça gesta mina
Joia amor de mulher-menina
Doce sabor maliciado
Damasco no beijo selado
Ágata amar-morada
Nas matas exploradas
Transpira essência pura-lina
Amor-mina fé-minina menina

Mês-tu-ação

Mês a mês líquida ação
Eliminação
Derrama fera frutíferação
Efetivação
Na terra ciclos na circulação
Libertação
A roda luna meditação
Clareação
Banho de assento sento ação
Coroação
Rezas benditas na pregação
Aceitação
Bruxas ativas na concentração
Confirmação
Mandingas, feitiços, purificação
Proteção
Lua nua terrena elementação
Afetivação
Quatro cantos do mundo na elevação
Ebulição
As quatro faces da menstruação
Consagração
Sangra em rio mês a mês na tua ação

Condição
Macho falo na agressão
Socialização
Flores em vida divinação
Revolução
Forças unidas feminação
Plantação
Cíclica germinação
Alimentação
Mês a mês tua ação
Transformação
Solidão, solitude na evolução
Realização
Poder empoderação
Personificação
Abundante fluição
Medicação
Autocura ação
Vibração
Renovaçao do coração
Ecoa-ação

Ata de Guerra

Somos semelhantes,
Águas em cabaças sagradas,
Que carregam o poder em potência de corpos negros
Cabelos enrolados e mente aberta
Coração sem olhos para enxergar o que a sociedade homo-esperma espera
Somos água e vento. Ninguém segura.
Percorremos os muros que nos fazem sangrar
Somos sangue. E nos renovamos.
Veja, quando o sino da igrejinha tocar na esquina
Lembre-se de que em todas as esquinas mora Exu.E ele não tem sexo.
Ele tem amor ao povo que respeita o caos que a vida apresenta.
Estarmos vivas é um ato de coragem
Amar uma mulher Preta é um ato de guerra
Mas as Rainhas, aqui, não se preocupam com os adversários no caminho

Se preocupam em manter seus templos
corpos vivos, para amamentar suas crias
fêmeas até que finque as fissuras nas mamas
caídas.
E que as mãos dadas e olhares adocicados
sejam o reflexo de uma para outra
Eu amo uma Preta!
Eu sou uma corpa Preta!
Que na rima percorre os lugares do mundo e
até mesmo o mundo não me basta.

Lembrança do encontro

O cheiro das rosas ainda embriaga meu colchão,
O chocolate com pimenta,
O conhaque com sabor de mel,
Os lábios macios e a pele fresca,
A lua cheia,
O cruzar dos olhos nas encruzas,
O beijo de descoberta de duas santas na sexta-feira em Aruanda,
Era mês de Jorge o senhor dos caminhos,
Ainda sinto tudo na mesma frequência,
Lamento pelos instantes de dor e agradeço por sua existência,
A loucura se fez presentear,
Foi a saudade que apertou sem avisar,
Na mente a lembrança da essência arde em chamas,
Que queimam em distantes extremidades,
Você aí, eu aqui.
Um ano renovado com saudade,

A tristeza veio junto de mão dada com o medo,
Não te ver hoje, amanhã e alimentar o depois,
Quando a saudade tem fome e bate na porta,
Toma conta de tudo sem pedir licença,
Sai empurrando qualquer razão,
Faz a cabeça do avesso acelerar o coração.

Poesia da madrugada

São os desejos de desvendar
Essa sua pele preta que brilha
O sorriso despretensioso que prende
O profundo olhar que deságua nos mistérios
que só você revela
A boca que morde
Os bicudos negros macios arrepiados
Desprendem meu toque que te mergulha
É feito o cheiro de lírio branco que exala
A vulva profunda que me aquece os lábios
A bunda rebelde que cavalga no despir
Aquece meu corpo e ferve
Mexe, preta!
Mexe com meus sentidos
Em ti mesmo os dedos cruzados se perdem
a língua aguça o paladar no gozo
O gemido nos últimos instantes
Depois de deitar com personas que desejo na
mente insana
Eu desperto do sono molhada na cama
Era você vindo me visitar

Delícia proibida
Beber tuas águas em minhas mãos
Daria uma música entre espelhos
retrovisores
Eu e você
Pretas corpas da mesma tina
O mundo é nosso portal
Terra mãe que sangra
Santa não sei mais
Só desejo nos prazeres da gastronomia te saborear doce de leite menina...

Intensidade

Sejamos o que sentimos
Sejamos mais cores
Sejamos mais sabores dos nossos corpos mulheres enlaçados no enredo suado de amor em breves e ardentes línguas nos mais diferenciados lugares
Sejamos a des-coberta disposta
A nossa melhor Cia
A mão no toque que arrepia
A voz que da fome no sonho
O sono do descanso em paz
A alegria do café e o cigarro
Aquela vontade de quero mais
E se a saudade mata, eu já estava na missa de sétimo dia
Então sejamos no hoje intensidade

Olhar certeiro

Borboletas no estômago,
Fico zonza,
A mão soa,
O nó na garganta aperta,
Desperta o peito,
Seu grito de leoa no cio,
Penetra meus pelos na libido incandescente,
Olhando minha vulva alma,
Atravessa,
Travessa,
Feito raio rompe,
Sua lança na ponta da língua,
Rasga os prazeres da carne latente,
No corpo meu em água corrente

Bem querer

Hoje deu certo
No seu templo meu peito fez morada
A flecha preencheu o alvo no seio
Os lábios umedeceram
A saliva se fez líquido escorrendo nas extremidades da pele
O corpo dosador a contar as gotas
Tempo desacredita nas lacunas ocultas
As meninas eram duas vezes mulheres
Na etimologia da masculi-femenagem
Palavras não ditas! Grado gerado no bem queremos
A impressão da minha imagem na sua
A digital vocalizada no surto súbito do gozo
É suçuarana nos estágios do ouvir que freme
A frente do despejo a graça floresce no meio das pernas tremidas
O medo da entrega não é existente
O que perdura no instante são as lembranças...

Complexa

Ao som dos violinos
Minha voz percorre seu corpo
Mulher
Instrumento na forma
Inexo, Inerente, Infundamentada
Suplex no duplex à vista
Morta
Tiro no alvo
Alvorada adentro
Mata que sangra
A todo momento
Ao som dos violinos
No arco minha voz percorre a sua íris
A densa, sensação na troca
Olhares
Oculto obstetra na veia da vulva
Saliva semeando sêmen
É semente
Germina na língua
Penetra na gente
E toma.

Meu coração está a conta gotas

Tento apagar a mancha das palavras soltas na dúvida
Às vezes elas aparecem feito sombras, buscando luz
A aparência do espelho rachado
Tento colar com doces sentimentos nutrindo as lacunas com ouro
Parece inevitável a sensação do frio no corpo
Gelado, era a outra face do espelho
Somos vencedoras de outras distâncias
Na ida e na volta a corda esticou dos dois lados
Uma sofre a outra chora
Mão na mão e a lamparina acesa no peito
São as lembranças vivas que tentam soterrar o que não fluiu e acabam se sufocando
Quando juntas ao toque o pulso do coração acelera e elas respondem na terra quente a fértil fruto amor
Uma diz e a outra silencia
Em horas invertem-se os papéis

O sofrimento é inevitável
Muito se sente
Ao mesmo muito se nega
Regar o solo úmido que transbordou
É respirar com a ponta do ofá atravessada no peito
Era tão macio e saboroso o coração dela
O meu agora só gota de sangue
A profundidade da falta não falha
A-ponta
Perdeu em si mesma lá dentro no nada
Não quero adiar o exercício de crescer
Quero crescer junto
As assas do amor seguem sem rumo certo
A escolha e o medo espaçaram os voos curtos
Conta gotas de sabor do que fomos
O agora é indefinido e confortável para uma
A outra conta a gota e sente a hora pingar líquida saudade que escorre nos poros do eu te amo
Esvaindo cada pingo perdido no ar
O afeto não respondido

Negado sem sentindo
Amor em processo escasso
Bebeu da fonte e empapuçou
Talvez precise sentir a ausência minha na outra face, para enxergar o suficiente valor
Buscando no percurso a resposta
É o melhor de nós
Se a luz é Deus
O relógio é o pensamento
Nutrição de bons pensamentos
Firmando o agora
Acessa a lamparina do peito
Sem anular quem somos
Águas claras em chamas acessas
Tudo bem em estar bem.
Mas gera desconforto o descanso tranquilo
A luta pede espaço
Mesmo de olhos fechados a alma encontra paz e também perturba
A navalha dos afazeres afia
Quem direciona o caminho é o movimento
Uma mexendo e a outra se faz de morta
A-mor e A-dor
Não vou permitir que se vá.
O coração é o guia e ele não quer.

A cabeça teima por outras opções.
Caminhamos regando nossa terra quente
com fértil fruto amor que transborda e alaga.
Afogar-se ocorre no caminho, mas as
conchinhas salvaguardam uma à outra no
embalar dos braços-laços.
Quando sentires dirás.
Talvez tarde.
Ou nem tanto.
Para não sofrer não digo nada.
Pois sabes o que sinto.
Apenas não me mate aí dentro.

Colo em suas coxas

Colocação do meu coração em suas coxas
Moça!
Leite negrita aguça em água líquida
Gozação no colo amêndoa cor
Sabor!
Feiticeira no olhar magnata de paladar
Amanhã me encontro.
Hoje perdi o rumo carnal
Planejamento disperso na minha tara
Noite atenta no colo para.
Filhas dispersas em cima clina.
Pudores de mulheres meninas
Presta pretas ocitocina mina

Liquidas gozadas rimadas
Palavras amadas
Fetamina
Fé-menina coloca- ação
Coração na mão
Certeza alguma informação
Fluição na canção
No colo entrega do coração
Amor é isso então.
Derramação de prazeres nos colos em coxas
Gotejar cumplicidade em amor de moças!
Moças! Moças! Moças!
Colocação de ação entre pretas coxas.

Noite de amor

Amanheci nos ventos dela
Senti a brisa passando no rosto e o sorriso
abrir feito abraço
Vi na face o brilho do entardecer mais bonito
que Orun já desenhou
Sem pedir nada anoiteci inteira e me tornei
lua grande para iluminar o que somente eu
recebia no presente
Ela dançou pra mim
Tirava os nove véus que pouco lhe cobriam
a pele
Chamei as estrelas para contemplarem o
espetáculo
A noite sempre se faz acolhedora para nossos
reencontros

Políticas do amar

Desejo que nosso amor realize todos os nossos desejos.
Desejo que relação não seja peso, mas sim uma real-ação para nos conectar.
Desejo que a "base" e as "paredes" recebam um teto sem medo para enxergarmos as estrelas de mãos dadas em horizontes infinitos a olho nu.
Desejo que nosso estado de libido seja presente em êxtase na sincronia da troca no encaixe dos nossos corpos mulheres em sinergia na ocitocina lúcida.
Desejo muito mais desejo.
Desejo que o imaterial seja suficiente para nos representar.
Desejo que nosso melhor sorriso seja junto.
Desejo que a encruzilhada seja movimento e traga leveza nas possibilidades das travessias e o primeiro caminho seja sempre estar de mãos dadas para seguirmos.
Desejo que as mágoas dissolvam.
Desejo que a nossa intensidade seja leve e não

nos machuque.
Desejo que o nosso amor não tenha dúvida da sua existência.
Desejo que as limitações não sejam o limite.
Desejo que a distância não nos distancie.
Desejo que a nossa magia seja possível na felicidade contínua.
Desejo ser alimento e matar a sua fome.
Desejo alinhamento sem causa.
Desejo que a escolha seja sempre a intuição de nossa alma que nos direciona uma para outra.
Desejo sol.

Desejo praia.
Desejo sorver-te.
Desejo água.
Desejo fogo.
Desejo muito fogo.
Desejo que o Espírito Santo sempre toque nossos corações.
Amem,uma a outra,como chama que ferve sobre água.
Desejo que sejamos nós mesmas a nossa própria (r)evolução.
Desejo não ter um fim.
Desejo ser sempre o começo.

O movimento não para

A marionete manipula
na validade
Escolhida por vaidade
O falso discurso desmoralista
Da preta que se diz anti-machista e
antirracista
Na realidade realista
sua ação é diferente
De "Sujeita Mulher" a sujeita submete outra
semelhante a subjetividade
A atitude não coincide com a verdade
Cala-se no teto escuro da própria toxidade
Espirala externamente a inquietude da mente
Alimenta a sua falsa imagem
Gosto-só
Creme-só
Inté-só
Só mais um pra aplaudir
Usa, abusa e lambuza quando interessa
A falta de coragem é no olho e sem pressa
O movimento gera movimento

Assim as águas não param
O silencio do grito que ecoa em versos
molhados
O rabo que pensa é justificativa diante das
palavras diplomáticas
São traumas que rebelam o rebolado
atemporal para nutrir o narciso de dentro
A falsa afirmação em forma de máscara
É desculpa pra massagear o ego
A quem sinta a sua sombra passar em
propósitos desproporcionais
lançados no ar
A conduta disfarçada
Relampejo passa rápido e as marcas cessam.
O fundamento vem da água
Quem segue o fluxo na sabedoria nunca se

perde em fagulhas passageiras no tempo
Nem gota e nem copo limitam os fluidos de um rio
Que de vermelho não é mero tapete e das pedras as águas transformam em areia
Água sempre segue em frente
Quem não sabe nadar sai ou se afoga no vesúvio que aterra o fundo do mar
Ser rio é ser fonte que não seca

Celebração

No meu corpo tudo é festa
Me percebo em festa quando a minha solitude não é parcial
E me dou conta que flui na minha própria encruzilhada
Vivi atrevidamente a sina de uma corpa
Rainha deusa de si
No meu reino tudo é festa
Celebrar a dura escolha de amar o que é somente meu
O eu profundo desmascaradamente
Sem âncoras ou mentiras momentâneas
Me dei a mão e segui plena na totalidade manifestada
Sorri sem dividir o bom dia a outra persona
Na minha festa não tem convite
É celebração genuína sem rastro
Sem falsa afirmação
O eu do gozo sem sustentação
É ser e ser basta.
Aceitar que é o todo e do nada veio imergir nas águas vermelhas de um rio

Agora a festa é partilha pra quem sabe ser sem medo
Pra quem escolhe amar um corpo negro
Amar a si é ser sua própria Cia
Difícil amar um corpo ferido
Celebro a cura de todas as feridas
Regenero em leve estado e torno libido cada gota
Eu costumo gostar dessas adversidades
Hoje a alegria é celebrar a solitude de amar o meu corpo em negro estado
A coragem de amar o negro me atrai
Diz muito mais sobre mim
Sobre minhas companhias
Sobre a minha verdade
Sem discurso
Sem diploma
Ser autodidata
Acadêmica em letras vividas nas curvas linhas escritas a dedos no tato da pele
Olhar líquido de águas em mel
Doce lábio sem interesse

O material é um sujeito momentâneo
Não o objeto principal
Ganho muito mais no agora
Do que ganhei ontem
E amanhã cedinho me pego de novo plena na celebração do meu corpo caneta
Sou eu mesma a minha letra
O papel de linhas pretas
Escrevo...

214

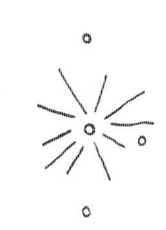

"Rapidinhas"

O desenho mais bonito que já vi
São seus olhos refletindo no meu sorriso.
(Zeferina livregbt)

Já olhei no portão à espera
Não senti nada, não vi ninguém
Ao menos olhei com as flores
Saudade daqueles sabores
Ausência tocando tambores
Na falta da cia do meu bem
(Zeferina livregbt)

Que nossas assas se expandam em nossas mãos dadas
Que possamos ser o que quisermos ser
Na etimologia dos sabores degustados
Sorver-te nos lábios
(Zeferina livregbt)

A lança que atravessa minha alma
Nos seus braços sou mormaço fluente
 A ebulição constante dos encarnes e
encontros da gente
Menina, mulher nas facetas que se lança
Entende os passos que almeja e avança
Na labareda certeira do olhar
Quebra as fronteiras onde há coragem, supera
o medo das barreiras de amar.
(Zeferina livregbt)

As palavras salgadas dispersas na densidade
de um rio,
correm o risco de serem adocicadas no mix
dos sabores do mar em pensamentos...
por hora turvos em versos despidos na
pluralidade
Rio vermelho é segredo molhado
cada gota deste rio é vida
as que passaram tornam-se espumas afluentes
e diminuem no percurso do rio
outras permanecem fluidas e seguem em
direção a imensidão do mar
O rio de cada mulher é unicelular
 (Zeferinalivregbt)

Jovem Velha

O silêncio toma conta de tudo aqui dentro e às vezes grita.
Acho que deve ser o café com sal que tomo todas as manhãs
Que mais parecem o entardecer rosado
No céu o azul anil vem clareando os pensamentos soltos
Me perco nas direções e rogo ao sagrado que me conduza
Por ter medo de errar o caminho
Eu tenho a nítida sensação de que não ocupo ainda o meu real espaço
Pareço habitar num corpo pequeno que me deixa presa num molde
Olho no espelho e uma alma conversa comigo
Falo que ela sim é a artista e tenho tamanho medo dessa relação que a responsabilizo por todas as vitórias
Quando há derrotas eu tomo a frente
Finjo dividir essa responsabilidade com ela
Fico esperando ela tomar conta de mim e

sair lá de dentro para tomar a forma integral
Às vezes me passa pelo orí que a diplomacia
dela é tão antiga que mais a ouço no silencio
do que contesto
A faculdade dessa relação não carece de
diploma
O nome dela ainda não consegui decifrar em
significado
Se é loucura? eu desisti de saber.
Como lutar com uma velha?
Como ser uma jovem velha?
Toda vez que lhe peço a bença me desculpo
por isso
Toda vez que lhe dou licença me desculpo
por isso
Quem é?
Quem sou?
Sou tantas em uma.
Sei tanto e também não sei nada
Vou seguindo de mãos dadas com ela
Esperando todas as respostas.

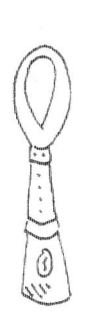

Esta obra foi composta em Arno pro light display, Leorio e Eryx Rennie Macintosh e impressa em papel Pólen Soft pela Trio Gráfica para a Editora Malê em agosto de 2023.